professional

プロフェッショナル 仕事の流儀 1

茂木健一郎＆NHK「プロフェッショナル」制作班＝編

リゾート再生請負人　星野佳路

小児心臓外科医　佐野俊二

パティシエ　杉野英実

NHK出版

『プロフェッショナル 仕事の流儀』

マニフェスト

番組キャスター・茂木健一郎

プロフェッショナルとは、自分の流儀にしたがって仕事を積極的にこなしていく人です。輝く個性を持ち、他の人たちとのコミュニケーションにたけ、仕事を通して社会の中に喜びを生み出すことができる人。それが、プロフェッショナルです。

私たちの脳の中には、他人の心を映す「鏡」のような働きをする神経細胞（「ミラーニューロン」）があることがわかっています。誰の中にも、他者を鏡とすることで個性を磨く「プロフェッショナルの種」があるのです。

素晴らしい仕事を成し遂げつつある魅力的な人々の話を伺いながら、私たちの中にある「プロフェッショナルの種」を大切に育んでいきたいと思います。

茂木健一郎（もぎ・けんいちろう）

「クオリア（感覚質）」を手がかりに、脳と心の謎に挑む新進気鋭の脳科学者。1962（昭和37）年、東京都生まれ。東京大学理学部、法学部卒業後、東京大学理学系大学院物理学専攻課程修了。理学博士。理化学研究所、ケンブリッジ大学を経て現在、ソニーコンピュータサイエンス研究所シニアリサーチャー、東京工業大学大学院客員教授のほか、東京芸術大学、東京大学などの非常勤講師も務める。

『心を生みだす脳のシステム』『脳内現象』（NHKブックス）、『脳とクオリア』（日経サイエンス社）、『意識とはなにか―〈私〉を生成する脳』『「脳」整理法』（ちくま新書）、『脳と仮想』（新潮社―2005年第4回小林秀雄賞）、『脳と創造性』（PHP研究所）、『クオリア降臨』（文藝春秋）、『脳の中の人生』（中央公論新社）のほか、初の小説に挑んだ『プロセス・アイ』（徳間書店）など著書多数。

Contents

番組主題歌

Progress

作詞・作曲：スガ シカオ　編曲：武部聡志・小倉博和
song by Kōkua（武部聡志=Produce, Arrangement, keyboard,
スガ シカオ=Vocal, Words and Music, 小倉博和=Guitar, Arrangement,
根岸孝旨=Bass, 屋敷豪太=Drums）

1　ぼくらは位置について　横一列でスタートをきった
つまずいている　あいつのことを見て
本当はシメシメと思っていた
誰かを許せたり　大切な人を守れたり
いまだ何一つ　サマになっていやしない
相変わらず　あの日のダメな　ぼく

ずっと探していた　理想の自分って
もうちょっとカッコよかったけれど
ぼくが歩いてきた　日々と道のりを
ほんとは"ジブン"っていうらしい

世界中にあふれているため息と
君とぼくの甘酸っぱい挫折に捧ぐ…
"あと一歩だけ、前に　進もう"

2　空にはいつでも　まるでぼくらの希望のように
こぼれそうなくらい　星が輝いて
届かないその手を伸ばしたんだ
ガラスケースの中　飾られた悲しみを見て
かわいそうに…なんてつぶやいてる
こんな自分　ケリたくなるくらい　キライ！

ねぇ　ぼくらがユメ見たのって
誰かと同じ色の未来じゃない
誰も知らない世界へ向かっていく勇気を
"ミライ"っていうらしい

世界中にあふれてるため息と
君とぼくの甘酸っぱい挫折に捧ぐ…
"あと一歩だけ、前に　進もう"

プロフェッショナル　仕事の流儀　File No.001

〝信じる力〟が人を動かす

リゾート再生請負人　星《ほし》野《の》佳《よし》路《はる》

「逆境をどう乗り越えるかということに、多くの人が興味を持っている。不幸にして破綻してしまった企業の社員に、星野さんはどのようにしてモチベーションを吹き込んでいるのだろうか」

――茂木健一郎

リゾートに輝きを取り戻す　星野佳路の仕事

山梨県八ヶ岳の麓に、年間八万人が訪れる人気のリゾート施設がある。『リゾナーレ小淵沢《こぶちざわ》』。観光シーズンの予約はパンク状態。連日、多くの家族連れであふれ返る。

子どもたちの明るい声が響き渡るこの施設がかつて廃業寸前だったなどと、誰が想像できるだろうか。負債総額は一四七億円。バブル崩壊とともに押し寄せた大波は、法人需要を当て込んだ会員制高級リゾートを瞬く間にのみ込んでいった。

二〇〇一（平成一三）年、破綻した『リゾナーレ小淵沢』は、一人のホテル経営者に再建を託す。それが星野佳路だった。長野県軽井沢で老舗の温泉ホテルを営む星野は、革新的な経営で業績を伸ばし、広く注目を集めていた。再建に当たり星野は、まず詳細な市場調査を実施。その結果に基づき設定した「大人のためのファミリーリゾート」というコンセプトで、運営を進めた。そして三年後、行き詰まっていた経営は黒字に転じた。

いつしか星野のもとには、リゾート再建の依頼が次々と舞い込むようになった。そして今も日本各地で、傷ついたリゾートをよみがえらせる作業に挑んでいる。

多くの家族連れで賑わう『リゾナーレ小淵沢』。星野が手がけて三年で黒字経営に転じた。

星野佳路の経歴

1960 長野県軽井沢町に生まれる
1983 慶應義塾大学経済学部を卒業
1986 コーネル大学ホテル経営大学院修士課程を修了し、『日本航空開発』に入社
1988 『星野リゾート』副社長に就任
1989 『星野リゾート』を退社し、『シティバンク』に入行
1991 『星野リゾート』社長に就任
1994 『ホテルニューホシノ』を『ホテルブレストンコート』としてリニューアル
2001 『リゾナーレ小淵沢』を買収
2003 『アルツ磐梯リゾート』を買収
2004 『アルファリゾート・トマム』を買収
2005 『星のや軽井沢』オープン
『ゴールドマン・サックス証券』との共同出資で温泉旅館の再生支援を開始

Scene01

星野佳路の「仕事の現場」

老舗旅館の再生に挑む

名湯・山代温泉の老舗旅館『白銀屋』（上）の再建も星野の手によって始まったばかり。下は星野の本拠地、長野県軽井沢のホテル。

石川県の名湯、山代温泉《やましろ》。二〇〇五（平成一七）年八月、ここに星野佳路が降り立った。この日は、四か月前から再建に当たってきた老舗旅館の再オープン初日。一四億の負債を抱えて破産したこの旅館をどうやって立て直すのか、メディアも注目していた。集まった報道陣を前に、星野は力強く言いきった。

「初年度に何とか黒字化できるように頑張っていきたいと思います」

江戸時代から続くこの旅館は、不況の中、宴会や団体客などに力を入れてきた。しかし星野は、その重厚な歴史をアピールする高級路線への転換を打ち出した。最大の目玉は、芸術の巨匠にして美食家の北大路魯山人《きたおおじろさんじん》が愛したという一室。この格式ある部屋は、一泊四万円からの設定だ。

「残った社員が、財産」

再建に当たるとき、星野が最も心を砕くのは、そこで働いている社員たちのモチベーションだ。現場の事情を一番詳しく知っているのは、間違いなく彼ら。経営者が変わり、辞める者もいる中、「残った社員は財産」と星野は言い切る。

再出発のこの日、星野は社員たちに語った。

「ここでの主役は、私たち経営者ではなくみなさん自身です。だから、言いたいことは言いたい人に直接言ってほしいんです。上司にお伺いを立てる必要はありません。どんな結果になっても、責任は私たちがとりますから」

うつむきがちな社員のやる気を、いかにして引き出すか。そこに再建のカギがあると、星野は考える。だからこそ、まずは社員の声を徹底的に聞く。何度も相づちを打ち、愚痴にも不満にもすべて耳を傾ける。それが、社員の心を開く。

「再建前の社員は、いろいろな不安を抱えています。自分の評価や給与のこと、仕事の内容、上司や同僚との関係、そして会社の将来……。そんな不安を払拭したい」

ノートパソコンを携え、会議室や空いている机で仕事をするのが星野のスタイル。

「社長は偉くない」

軽井沢の『星野リゾート』本社。一〇年前、星野は実家であるこのホテルの経営を立て直して注目を集め、以後、破綻リゾートの再建に乗り出すようになった。再建先の社員も含め、星野のもとで働く者は、現在、およそ一〇〇〇人。その社員たちのやる気を引き出すために、社長・星野は異色のスタイルを貫いている。

出張から戻った星野が、やおら飛び込んだのは会議室。部屋に備えつけられたLANに接続し、ノートパソコンで電子メールを受信するためだ。社内ではおなじみの光景である。

わざわざ会議室に行くのは、社内に自分の部屋がないからだ。星野には社長室がない。「社長が偉そうにしていては社員の士気が上がらない」と、自分用の部屋を捨てた。デスクワークをするときには、休みの社員の机を借りる。書類や備品を持たず、パソコンに入ったデータとインターネットを活用する星野は、仕事の場所を選ばない。

経営会議でも、主役は社員。星野は自ら最終判断を下さずに、あえて議論のプロセスを見守る。

出張の多さから、たとえ社長室を設けたところで利用頻度も限られる。ならば、そのスペースを客室などのために充《あ》てたい。それが星野の考えだ。

「決めるのは ~~社長~~ 社員」

「主人公は社員」――星野の哲学は、経営判断を下す場でも変わらない。『星野リゾート』の場合、通常の会社では役員会に当たる会議に、フロント係でも営業マンでも、社員なら誰でも参加でき、発言できる。

毎月行われる定例の「戦況報告会」で、紛糾した議題があった。ホテルの宿泊料金の見直しである。

料金改定チームが出した提案に対し、反対意見が続出した。料金の改定は、リゾート経営にとって重要な課題。しかし星野は、自ら判断を下そうとはしない。結論は、社員同士の議論に委ねる。

「どうしますか？」

議論の最中、星野は何度も問いかける。弱気なわけではない。トップダウンではなく、自分たちで出した結論なら、社員も納得して頑張れるはず。だから、任せる。

予定の時間を三〇分も過ぎたころ、会議が動いた。

担当者は、料金見直しは時期尚早と判断し、計画の練り直しを決めた。重要な局面でも、決して揺るがない星野の流儀。その徹底した姿勢が、社員の気持ちを動かす。

星野佳路の「道具」その1

カバン

動くオフィス兼家財道具

私の場合、カバンがオフィス兼家財道具みたいなものです。中にはかなり雑多なものが入っていまして、例えば出張に行くときは宿泊用具もそろえます。着替えはTシャツが中心。スーツと違ってかさばらないので助かりますね。

　中のものの小分けには風呂敷を使っています。カバンの中に、ものをゴソゴソと入れておいてもバラバラにならないので、すごく便利ですね。これも日本の知恵といえるのではないでしょうか。あとは、普段読んでいる本などが入っています。

　必ず持っていくのがソーラー式の携帯電話充電器。電池切れになりそうなときに、例えば電車の中で携帯につないで窓際に置いておくと、三〜四時間は長く使える。ソーラー式なので、環境への配慮にもなるかなという思いもあります。それに、普通の充電器だと私は部屋に置いたまま忘れてきてしまうことが多いのですが、これなら移動中にしか使わないので、そういった心配もありません。

星野佳路の「道具」その2

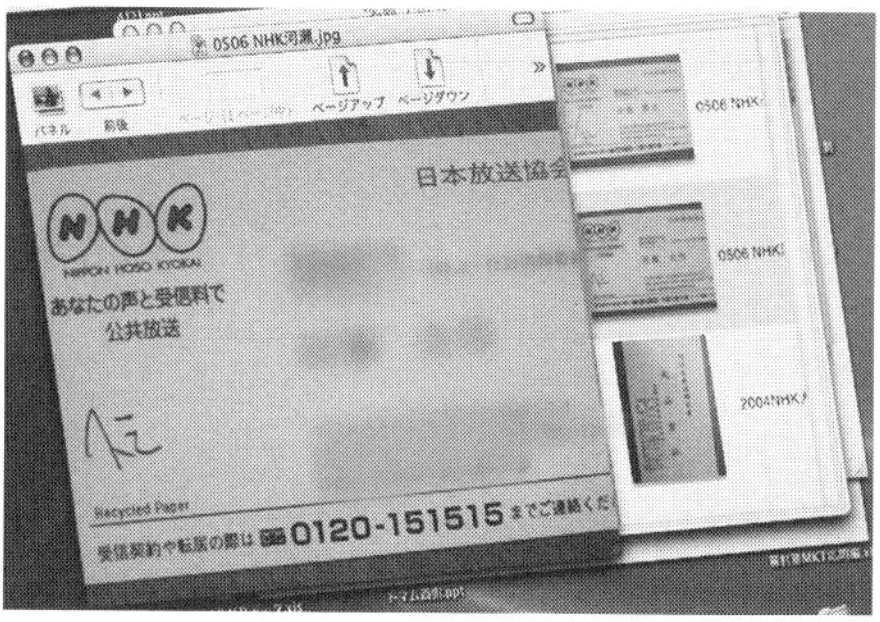

パソコン

データ管理で効率よく利用

仕事に必要なデータは、すべてパソコンの中。書類は見直すことがないので、いただかないようにしています。

名刺の整理に、じつはすごく苦労していたんです。今は、画像で読み込んでおいて、検索ができるようにしています。画像は、デジタルカメラで名刺を上から撮影したもの。きちんと整理しようと構えてしまうと結果的にできずに終わる場合が多いので、一番簡単で時間を使わずに済む方法を常に考えています。

利用頻度が高いのは、やはりメール。一日に一五〇～二〇〇通ぐらい届くためすべてを処理する時間はありません。優先すべき内容にだけ目を通しています。

読むべきメールはタイトルで選ぶこともあるのですが、そのことが社員にばれてきて、刺激的なタイトルがときどき届きます。例えば「社長、大変なことが起きました」というタイトルのメールを開いてみたら、「明日は二時から会議です」と書かれていたこともありましたね。

茂木健一郎の

視点

スーツは不要？ 社長室も不要？

いつもTシャツ姿の星野さんだが、そのスタイルには何か理由があるのだろうか。また、社長室がないというのも珍しい。社長が横にいることで、社員から煙たがられたりはしないのだろうか。

星野　最近Tシャツの経営者というのが世間で騒がれたこともあって、ちょっと私はTシャツから離れなければいけないなと思っているんですけどね。私の場合は、軽井沢で生まれ育ったこともあってか寒いところが好きで、みんなに合わせた温度の部屋にいると、すごく暑く感じるんですね。要するに暑がりなんです。一四〜一五年前までは、取引先でもTシャツというのはまずいかな、と思ってスーツ姿だったんですが、ある日スーツはやめようと決意したときがあって、そこから少しずつTシャツに変わってきているんですよ。ここはTシャツで大丈夫かなと心配なときには着替えたり、OKという感触をつかんだらそのままカジュアルな格好で通していったり。

社長室というものにこだわりはありません。基本的に部屋の中で仕事をしている時間が短いということだと思うんです。そもそもホテルやリゾートでは、スペースをお

「コミュニケーションの場が増えることは、私にとってはとってもいい刺激になりますね」――星野

客様に最大限充てるので、その分バックスペースは小さいんですね。私たちのホテルや旅館では、社員が使うスペースも決して十分とはいえないと思っているんです。そういった中で、社長室に充てるスペースはどうしてもなくなってくるんですよね。以前「社長のデスク」というのを決めたことがあるんですが、私がいないときが多いこともあって、帰ってくるとほかの人間が使っていたり、ほかの用途に使われていたりね。

社員は……煙たがっているのかもしれない。でもそんなに意識されていないという感覚ですね。みんなと同じ空間にいることで、話しかけられることも多いです。私、雑談も結構大事だと思っておりまして、例えば、休みにどこに遊びに行ってきたとか、どこそこのリゾートに行ったらとてもよかった、といった話を聞く。そういったことでコミュニケーションの場が増えるというのは、私にとってはとってもいい刺激になる。それに、社員からまだそんなに嫌われていないないという安心感にもつながったりしますね。

茂木健一郎の

視点

社長が最終決定を下さない理由

星野さんは、経営会議での意思決定を社員に委ねる。ともすると経営者らしくないと思われかねない行為だが、あえてそうする理由はどこにあるのだろうか。また、社員による決定をどこまで尊重するのだろうか。

星野　例えば宿泊料金の値上げを社員が決めたのならば、私はそれを認めます。競合する施設のことを考え、自らの強みを分析し、お客様のニーズもちゃんと把握する。そういったロジカルなプロセスで議論が進んでいったのであれば、おそらくそれは正しい意思決定なのだと私は思うんです。だから認めるのが正しいと思う。

その結論が正しいかどうかは、ビジネスの世界においては、ある意味、誰にもわからないんです。「やってみないとわからない」という部分がすごくある。だからこそプロセスを大切にするということなんですね。

その意思決定に至るまでのプロセスが共有されているということも大事ですし、論理的に構築されているということも大事ですし、必要な情報をちゃんと把握したかどうかということも大事です。そこのところを、私は確認したいんです。

「ロジカルなプロセスで議論が進んだのであれば、それが正しい意思決定なのだと思うんです」――星野

そのような流れを経て結論に達したのであれば、正しいかどうかはやってみないとわからない面はあるにせよ、その決定はおそらく正しい確率が一番高いと、私は判断しています。

逆に、そのような流れを経ていなかったとしたら、出された結論が直感的に私の意見と合ったとしても、すごく危険な意思決定の仕方だと思います。

その場合は、もう一度プロセスに戻ります。競合他社を見たのか、自分たちの状況も確認したのか、そしてお客様の声も聞いたのか。そういったことを確認するプロセスが、やはりすごく大事ではないかと思うんです。

茂木健一郎の

視点

経営はアートか、それともサイエンスか

「発明とは九九パーセントの努力と一パーセントのひらめきである」と、エジソンは言った。その名言を借りれば、「経営とは九九パーセントのサイエンスと一パーセントのアートである」と星野さんは考えているのではないか。

星野　われわれ経営者の間で、経営とはアートなのかサイエンスなのかという議論がなされることが、よくあるんですね。おそらく、どちらの要素も必要なのでしょうけれど、経営者である限り、私はサイエンスを追いつづけるべきだと思っているんです。なぜかというと、アートの部分が重要だと認めてしまった瞬間に、会社の競争力というものは、経営者の優秀さとか、アーティスティックなよくわからない部分に依存せざるを得なくなると思うからです。

それとは逆に、サイエンスを追求し、アートに対するサイエンスの比率を大きくすればするほど、その会社は長期的に維持可能な競争力を身につけられる。私はそう信じています。ですから究極的には、経営はすべてサイエンス化するのが、われわれ経営者のめざす姿ではないかと思うんです。

私がプロセスを大事にしている理由は、そこにあります。競合他社がどう出てくるかわからない中で、成功の確率を高くするには、プロセスを充実させるのが最良の手段。

アートかサイエンスかの結論を感覚的に決めて、それが見事に当たる経営者はたくさんいらっしゃいますが、少なくとも私はそこまで直感的に自分を信じられないということですね。自分の直感を信じていないからこそデータが欲しいし、お客様の声も欲しいし、最前線で顧客に接している社員の声も聞きたい。そういったありとあらゆる情報を集めたうえで、なおかつ社員も巻き込んで議論をするわけです。

「経営はすべてサイエンス化するのが、われわれ経営者のめざす姿ではないかと思うんです」――星野

茂木健一郎の

視点

なぜ「コンセプト」が重要なのか

リゾート経営は、単純な数値の積み重ねで成り立つものではない。そんな定型のない世界で、星野さんが最も大切にしているのは「コンセプト」だという。星野さんの考える「コンセプト」とは？

星野　コンセプトというのは、簡単に言うと「誰に対して何を提供するのか」という定義だと思っているんです。今は、お客様の数に対して供給過剰の時代。そのような状況では、ただ単に「リゾートをやっています」「ゴルフ場をやっています」「スキー場をやっています」というのではなく、最も利用していただきたいのは誰か、どんな人たちに対してサービスを提供したいのか、ということを明確にする必要がある。それこそがコンセプトなんだと思います。表現を変えれば、自分たちが最も得意とする人たちを選ぶということが、コンセプトをつくる目的と言ってもいいかもしれません。

例えば『リゾナーレ小淵沢』の場合、「大人のためのファミリーリゾート」というコンセプトを打ち出しました。リゾナーレの最大の弱点は、温泉がないこと。そこで、その弱点があまり目立たない市場はないものかと探してみたんですね。すると市場調

「自分たちが最も得意とする人たちを（お客として）選ぶことが、コンセプトをつくる目的と言えるかしれません」――星野

査の結果、三～一二歳のお子さんのいるファミリー層が、温泉以上に重視している項目を持っていることがわかったんです。父親は家族サービスをしたいと思っているし、母親は家族の思い出をつくりたいと思っている。そして子どもは、両親や兄弟姉妹といっしょに遊びに行きたいと思っている。この層には、温泉を越えた強いニーズがあるわけです。

そこで私たちは、ファミリーをターゲットにすることにしました。そうすると、遊園地などリゾート以外の施設が競合相手になってきます。ただ、ファミリーで遊びに行く場合には、子どもを楽しませるために親が犠牲になるパターンがとても多い。その点に関して、子を持つ親は多少なりとも不満を感じていました。だからリゾナーレでは、子どもたちが朝から晩まで楽しめるプログラムを提供しつづけ、その間に大人の方々には、ゆったりとリラックスしていただけるサービスを充実させたんです。そのようにして、親と子それぞれのニーズを満たすリゾートにしようと考えました。

茂木健一郎の

視点

コンセプトづくりをどう進めるか

一四七億円もの負債を抱えて廃業寸前だったリゾート施設を、星野さんは見事によみがえらせた。再生のカギであるコンセプトづくりは、どのような手順で進められたのだろうか。

星野　『リゾナーレ』の場合は、まずコンセプト委員会というものをつくりまして、残っていた社員から委員の立候補を募りました。そして市場調査を行い、お客様の声を聞いて、自分たちが何になりたいのかということを決めていったわけです。その作業にわれわれは一年以上を費やしまして、その間、経営のほうは大変な状況が続いたわけですけれども、それでもしっかりとしたコンセプトをつくろうと取り組みつづけました。

市場調査に対しては、私はかなり関与します。やはり、正確な調査をしたいですからね。そのうえで、データの分析についても、中心になって進めていくわけです。市場調査をすると、じつにいろいろなことがわかってきます。それを踏まえて、コンセプト委員会のスタッフが、ああでもないこうでもないと議論をする。そこにはいろいろなパラメーターがありますから、正解はじつは一つではありません。いくつかの正解が出てくるので、そこから何を選ぶかは、完全に社員に任せます。

おそらく正しいだろうなと思えるコンセプトのオプションの中で、一番重要なのは、社員の共感を得るということです。

最も正しいコンセプトをつくるよりも、どんなリゾートになりたいかということを社員自らが決めることのほうがすごく大事だと、私は思っているんです。つまり、正しさよりも、共感度の高さでコンセプトを選ぶわけです。

共感しているということは、社員の誰もが「自分はああいうふうになりたい」と思っているわけですから、そこに向かって進んでいこうという推進力が生まれてくるんですね。

「一番重要なのは、社員の共感を得るということ。共感からは、目標に向かう推進力が生まれてきます」――星野

茂木健一郎の
視点

モチベーションを高めるものは何か

人間は、ひとたびモチベーションが上がると、「次は何をやろうか」とどんどん前向きの発想になっていく。星野さんには、社員のモチベーションを高めるコツがあるのだろうか。

星野　リゾートでの仕事の場合、そこで働く人のモチベーションを上げるのは、まずコンセプトに共感していること、そしてもう一つは、お客様に喜んでいただくことなんです。子どもたちが「楽しい！」と笑顔を見せたときや、ご両親に「こんなにゆっくり食事をしたのは久しぶりです」と言っていただいたときに、スタッフのモチベーションはものすごく上がります。ですから、お客様に褒めていただくことで自分たちのやる気を維持している、という面もすごくありますね。

私がここ一五年ほどで学んだことの一つは、やはりお金はモチベーションを高めるものにはなりきれないということ。一方、仕事の楽しさはモチベーションアップにつながります。

私たちのようなサービス業では、お客様から褒めていただくときが一番楽しく、その機会が増えれば増えるほどやる気が出てくるという、よい循環になってくるものだと感じています。

「お金はモチベーションを高めるものにはなりきれない。褒められる機会が増えるほど、やる気は出てきます」――星野

from Mogi

脳科学の世界では、コンセプトは、マニュアル化できない部分を人間の脳がどう判断しているかというときに、とても重要な概念だ。コンセプトという言葉には、曖昧なところがある。「大人のためのファミリーリゾート」と言われても、具体的にどのようなものなのかはわからない。ただ、その曖昧さが逆に力になって、脳が具体的な個々の当てはめなどを自由に行える基盤になるところがあるのだと思う。そう考えると、コンセプトを確立することは経営戦略としても非常に正しいのではないかと思える。星野さんが行っていることは、脳科学を含めた科学全般が取り組んでいる方法論と、それほど違いがないようである。

茂木健一郎の

視点

なぜフラットな組織にするのか

星野さんの会社では、通常のピラミッド型ではなく、階層をなくしたフラットな組織にして、社員を仕事ごとに一〇人ほどのユニットに分けている。なぜ、そのような形にしようと思ったのだろうか。

星野　じつを言うと、私たちも最初はピラミッド型の組織だったんです。しかし、接客の現場というものは、お客様からの要望があった瞬間に経営判断をする必要があるんですね。

いちいち上にお伺いを立て、許可が下りるのを待っていては、お客様はもう目の前からいなくなっているわけです。ですから、お客様と直接接するスタッフに、どんどん意思決定をしてもらう。そして逆に、お客様のニーズを発見してもらう。

経営判断というものは、じつは最前線で一番行われていなければいけないというのが、私たちサービス業の特徴なんです。

お客様に喜んでもらうことが私たちの仕事ですから、そのために何をすべきかという経営判断は、じつはそれほど難しくはありません。ですから、接客をするスタッフもその上司もおそらく同じ判断をするであろうというレベルまで価値観を共有させておくことが、一番大事なのではないかと私は考えています。

社長である私に聞いたところで、私はお客様と接する機会が非常に少ないわけですから、正しい意思決定ができるとは思えません。それならば、権限をスタッフに分けてしまって、自分たちで判断して行動してみてくださいと言って預けたほうがいい。その結果は、お客様の反応を見ればわかります。失敗したなら反省すればいいし、褒めていただいたらどんどん続ければいい。そんな発想を私はしています。

「経営判断は、最前線で行われていなければならない。それがサービス業の特徴なんです」——星野

茂木健一郎の

視点

本当に誰でもリーダーになれるのか

一〇人ほどの小グループであるユニットの責任者は立候補制。全社員の投票によって選ばれ、立候補には何も制約はないという。たとえ入社一年目であっても可能だというから驚かされる。

星野　私がこの業界に入ってからの経験によると、休憩室で社員が会社の批判をする内容というのは、だいたい二種類です。一つは、「なぜあの人のほうが給料が高いのか」。そしてもう一つは、「なぜあの人が自分の上司なんだ」。「あの人は現場がわかっていないし、本当にやるべきことをやれていない。自分がやったほうがよっぽどいい」ということですね。社長や人事部長が人事を行っていると、その問題から脱しきれません。思いきった人事はなかなかできないし、逆に自分たちで責任者にしておいて簡単に下げるわけにもいきませんからね。

それならば、われこそはと思う人に立候補してもらったほうがいい。自分がやったほうが本当によいと思っているのなら、休憩室で愚痴を言っていないで、手を挙げてほしい。そういう仕組みなんです。

前提条件として大切なのは、会社の中で下から上に一方通行で上がっていくのが出世ではないという価値観。ユニットの責任者であるディレクターになったあとで普通の従業員に戻るときに、それは降格ではないという価値観を持つことがすごく大事です。会社生活では出世をしつづけることが大事で、降格したら終わりだという発想は捨てなければなりません。

私たちは「充電」と「発散」と呼んでいますが、充電する時期もあれば、それを発散する時期もある。ユニットディレクターとして発散したあとには、また充電すればいいわけです。ディレクターを降りて充電期に入ることを、何ら悲観すべきではありません。そのような価値観を共有することが、この組織が機能する前提になっています。

「自分がやったほうが本当によいと思っているのなら、愚痴を言っていないで手を挙げてほしい」——星野

茂木健一郎の

視点

情報を公開するのはなぜか

経営陣と一般の社員との間には、とかく溝が生じやすい。その主たる原因は情報の偏りにあると、星野さんは考えているようだ。情報格差をなくすために、経営者には何ができるのだろうか。

星野　月に一度、経営会議があるのですが、そこはすべての社員やアルバイト、パートタイマーに向けて公開しています。公開の狙いは、ユニットごとの状況を知ってもらうことです。このユニットはこういうことを約束してこの人がディレクターに就き、経営を進めている。それがうまくいっているのかいないのかということを、社内で公開しておくことが大事なんですね。数字の面も、変革の進み具合も、すべて公開する。当然、うまくいっているところとうまくいっていないところがはっきりと出るわけですが、そこが重要です。うまくいっていないところでは、状況を変えたいと多くの人が思っている可能性が高いですから、そこのリーダーに立候補するのが改革への一番の近道なんです。

内部の情報を公開すると、会社の事情を共有してもらえるし、共感もしてもらえます。ですから、私たち経営者と社員が価値観を共有しやすい。逆にそれを隠していると、社員の気持ちと経営者の気持ちがどんどん離れていってしまいます。

経営者が持っている情報の量と最前線のスタッフが持つ情報の量をいっしょにしようというのが、私たちの目標なんです。いっしょにしないと、フェアな議論にはなりませんよね。会社のことを特別によく知っている人と、ほとんど知らない人とでは、議論すること自体が難しい。やはり、情報の量を均一化するということが、すごく大事ですね。

「情報を公開すると、経営者と社員が価値観を共有しやすい。逆に隠すと、気持ちがどんどん離れてしまいます」——星野

from Mogi

「オネスティ・イズ・ザ・ベスト・ポリシー」
正直であることが一番いいという言葉を、
星野さんは実践している。

星野佳路の「ターニングポイント」

どん底からの再出発

星野佳路は、昭和三五（一九六〇）年、軽井沢の老舗温泉ホテルの長男として生まれた。幼いころから跡継ぎとして育てられ、大学卒業後はアメリカに留学。ホテル経営学を学んだ。そして三一歳のときに、父のホテルを継ぐことになる。当時、バブル崩壊の嵐の中、家業の収益は減少していた。そこで星野は、アメリカで学んだ経営術で改革に乗り出す。

「トップダウンの代償」

社長となった星野は、一流ホテルをめざし、詳細な接客マニュアルを作成。挨拶の仕方や身だしなみの指導も始め、改革を急ぐために、トップダウンで次々と指示を下していった。

しかし、まもなく大きな壁にぶつかる。星野の手法にベテラン社員が反発し、次々と辞めはじめたのだ。料理の味付けを注意すると、シェフまでもいなくなった。気がつくと、一〇〇人の社員の三分の一が職場を去っていた。何とかしなければと、自ら

アメリカの大学院でホテル経営学を学んだ星野(右)。収益が下がっていたブライダル部門に若手の堀井伸一(当時三〇歳)を投入した。

職業安定所に出向き、求人を出したが、人はなかなか集まらない。ある日、職業安定所の壁を見ると、こう書かれていた。

「星野に行けば殺される」

長時間労働に安い賃金。そして御曹司のトップダウン経営。ホテルの評判はさんざんだった。

どうすれば自分のもとで、人は働いてくれるのか。星野は悩みつづけた。

「社員に残ってもらうにはどうしたらいいのか。それを考える日々が、最初の二〜三年は続きました。明日の予約が入っているのに運営ができなくなってしまうわけですから、それは大変ですよ」

会社の収益も下がりつづけていた。特に稼ぎ頭のブライダル部門が危機的で、早急に何らかの手だてが必要とされていた。しかし経験豊富な社員は、もういない。新たな責任者は、現場の若手から選ぶしかなかった。

星野が声をかけたのは、結婚式場を担当する一人のカメラマンだった。堀井伸一、三〇歳。専門学校を経て入社し、このとき一〇年目。人の上に立った経験はない。心配した星野は、仕事のあと、責任者に必要な基礎知識をレクチャーした。忙しい中、できることといえば、それが精一杯。あとは任せるしかなかった。

数か月が経つと、新任の責任者は自らの仕事を楽しむようになっていた。はじめのうちこそ、事あるごとにいちいち星野に相談を持ちかけていたが、次第にその頻度は

トップダウンの経営が破綻をきたし、悩んだ星野。苦肉の策だったブライダル部門の若手登用は、「シャンパントースト」で成功を収めた。ここから星野の経営が変わりはじめる。

ホテルの新たな看板となったシャンパントースト。

減っていった。自分で考え、自分で決めることに、いつしかやりがいを見いだしていたのである。

他の社員たちとともに、伝統の馬車ウエディングに代わる新しい結婚式の企画づくりも始めた。彼らが目をつけたのは、欧米の結婚式で行われるシャンパントースト（シャンパンによる乾杯）。本物にこだわる新しい結婚式を提案したところ、人気に火がついた。ホテルの新たな看板の誕生である。

「任せれば、人は楽しみ、動き出す」

生き生きと働く従業員の姿を見て、星野の中に一つの確信が芽生えた。任せれば、人は自分で考える。そして、楽しみ、動き出す。どん底の中で得た確信は、「フラットな組織」という大胆な改革を生み、ホテルを生まれ変わらせた。

そこから星野は、リゾート再生という新しい道に踏み出していく。

茂木健一郎の

視点

何が社員を動かすのか

脳の仕組みからいうと、何かを強制することは基本的にできない。一見すると強制に思えるときでも、最終的には自発的に行動しているものだ。星野さんの手法には、そのメカニズムが生かされているのではないか。

星野 社長に就いた当時は、正しいと信じてトップダウンの経営を行っていました。戦略も経営方針も、自分の考えが会社にとってベストだと思っていましたからね。どんな異論があろうとも、私は負けないつもりでいたんです。

結果的に学んだのは、経営にとって正しいということは、社員にとってあまり重要ではないということです。社員には会社を選ぶ権利がありますから、面白くないと感じたらよそへ行けばいいわけですね。経営者は会社に対して責任を持っていますが、社員は会社への責任を担う以前に、自分の仕事の楽しさを追求します。私たちは社員に楽しく仕事をしてもらう環境を提供していかないと、サービス業にとって一番大事な資源であり財産である社員をどんどん失っていくことになってしまうんです。

ですから、正しいことよりも楽しいこと、正しいコンセプトや戦略よりも共感して

「正しいことよりも楽しいことのほうが大事。『こうなりたい』と感じてもらうことが重要です」――星野

もらえるコンセプトのほうが大事です。「こうなりたい」とか「この方法でやってみたい」と感じてもらうことが重要なんです。人間は、なりたいものに向かって努力しますが、やりたくないことはどんなに命令されても力が湧いてこないものです。それでも「仕事だからやらなければならない」と自分を納得させようとするでしょうが、本当の力は湧いてこないし、本当の笑顔はそこからは出てこないと思いますね。

リゾートやホテルなどで働くスタッフは、基本的な性格として、お客様に楽しんでほしい、喜んでほしいと思っている。私たちは、そこを信じているんです。社員がお客様に喜んでほしいと思っているのであれば、その社員を自由にすることがすごく大事。それを中央集権的にして、いろいろなルールでしばってしまうと、仕事がつまらなくなっていきます。楽しくなくなれば、サービスの質が落ちていったり、新しい発想が出なくなったり、ということが起こると思うんです。

茂木健一郎の

視点

社員の心をつなぎとめる方法

会社を辞めようとしている人間を説得し、残ってもらうよう翻意させることは容易ではない。業績が傾いていた時期に、星野さんはどのように社員の心をつなぎとめたのだろうか。

星野　正しいことをやっているはずなのに、社員がどんどんいなくなる。そうなると、明日の経営運営が危うくなるわけですね。では、残ってもらうにはどうしたらいいのか。経営状態がよくない中で、給与を上げて残ってもらうわけにはいきません。余裕がないので、給与は上げられないし、休みも増やせない。そんな状況にもかかわらず社員に残ってもらうためには何ができるかと考えたら、将来こんな会社になりたいというビジョンを示すこと以外に考えられなかったんですね。今はこんな状態かもしれないけれど、将来的にはみんなが望んでいるような職場環境が提供できるような会社になる。そうなろうとしている意志を示すことが、すごく大事だったと思います。それしかできなかったんです。

もう一つ、示すだけだとだますことになりかねないので、本気でそこをめざす姿を見せることも重要でした。その中で、会社の意思決定のプロセスやお金の使い方を社員にオープンにしていくという仕組みが、少しずつできていったんだと思いますね。

「将来的にはみんなが望むような職場環境を提供できる。そうなろうとしている意志を示すことが大事」――星野

from Mogi

星野さんにはカリスマがある。カリスマの起源は何か？

その昔、人類が狩りをしながら移動するときに、この人についていこうと思わせる人物には、きっとオーラや後光のようなものが射しているように見えたのだと思う。

結局、その人が設定するターゲットが本当に信じられるもので、本当にそこに行こうとしているということが共感できるというか、確信できると思われたときに、その人はカリスマになるのだろう。

会社の未来像を示した瞬間に、星野さんはカリスマになったのではないか。

茂木健一郎の

視点

社員を怒らないのはなぜか

もしも仕事が楽しみそのものになったとしたら、これほど素晴らしいことはない。星野さんは、そのことを本気でめざしている。社員を怒らないというのも、その理念の一環なのだろう。

星野　社員に対して怒ったことは、記憶している限りまったくありませんね。それはやはり苦労した三年間から始まっています。怒ると辞められてしまいますから。それはそうですよね。社員にしてみれば会社にロイヤリティを感じて勤めているのではありませんから、怒られる筋合いはないわけです。そのころは、こちらが「明日も働いてくださいね」とお願いしなければいけない時期でした。だから、どんな内容の仕事であろうが、「ご苦労様、明日も働いてください」ということが、基本的に私のメッセージになったんですよね。

もちろん、失敗したときにはそれを共有する必要がありますし、そのときにプロセスの反省も必要だと思います。ただ、誰かが誰かを怒って、その結果として会社がうまくいくかというと、私はそうは思わないんです。

怒るという行為自体は、生産的な活動につながっていかないのではないかという気が、今でもすごくしますね。

「怒るという行為は、生産的な活動につながっていかないのではないか、という気がします」――星野

from Mogi

面白いことに人間の脳は、成功体験からしか学ばない。よく苦労が大事などといわれるが、苦労したあとに成功があって初めて、人はそこから何かを学び取ることができる。逆にいえば、苦労だけでは学びの効果は薄いということだ。最後に成功まで持っていくことで初めて学べるわけだから、成功への努力を共有するという星野さんの手法はとても理にかなっている。その過程は喜びでもあるはずなので、星野さんの会社が喜びへの共感のみで動いても、それはまったく問題はないと私は思う。

茂木健一郎の

視点

経営者としての目標は

現在の『星野リゾート』は、毎年多くの入社希望者を集める人気企業になっている。社員が大量に辞め、求人を出しても集まらなかった時代はすでに過去のものになったわけだが……。

星野　辞められないかという不安は今ではもうありませんが、スタッフが楽しんでくれているかなということはいつも考えていますね。それは、私にとって一番重要なことなんです。

『星野リゾート』に入って、社会人としてのキャリアの中で大事な時間を私たちといっしょに過ごしてくれるわけですから、その時間がすごく楽しかったとか、すごくためになったと言ってほしい。そういう気持ちは、今でもすごく強いですね。

それには、私自身の経営者としての目標も関係していると思うんです。利益を上げるということも大事だし、業界の中で安定した競争力を身につけるということも、確かに大事です。

でもそれ以上に、自分がいつか経営者を辞めるときに、どういうふうに言われたいかということだと思うんですよね。

「あの人は利益を上げた経営者だ」と言われても、あまりうれしくないでしょう。「会社をダメにした」と言われるよりはいいですが、すごくうれしいとは感じません。

それよりも、たくさんの社員から「あの人と仕事ができてよかった」「あの人が社長の会社で働けて楽しかった」と言ってもらえるのが、私は一番うれしい。それが自分のめざす姿なのかもしれません。

だから自分が辞めるときには、エグジットインタビューを社員全員にしてみたいですね。「私といっしょに過ごした時間はいかがでしたか」と、一人ひとりに尋ねてみたい。まだ先の話ですけれどね。

「経営者を辞めるときに、『あの人と仕事ができてよかった』と言ってもらえるのが、私は一番うれしいんです」——星野

茂木健一郎の

視点

再生事業で一番大切なものとは

破綻したリゾートの再生という事業は、とても一筋縄ではいきそうもないように思える。リゾート再生に当たり、星野さんが一番大事にしていることとは？　また、あえてリスクを負うという意識はないのだろうか。

星野　リゾート再生で一番大事なのは、どんな案件であっても、私たち『星野リゾート』の仕組みがそこにちゃんと根づくまで面倒を見るということだと思っています。ですから、再生先に対する私たちのコミットメントはとても重要になります。

それと同時に、破綻した企業があって、そこに新しい経営者が来るというときには、主従関係の意識がどうしても働きやすい。その意識をなくすことも大切です。私たちの本社は軽井沢ですが、軽井沢が偉いわけではないと常に言いつづけていますね。私たちの会社内にいる全スタッフが対等に議論できる場をつくっていきたいし、そういう場に加わろうという意識を新しいリゾートの人たちにも持ってほしいと思っています。

リゾート再生には、リスクがともないます。ただ、その判断に迷うことは、ほとん

「私たちの仕組みが根づくまで面倒を見ること、そして、主従関係の意識をなくすこと」──星野

どありません。私たちが再生のために入っていったときに、そこに残っている社員というのは、お客様に喜んでほしいと思っていながら、それを達成することができなかった、ある意味で取り残された人たちなんですね。星野リゾートが培ってきた組織や文化やものの考え方が、そういった人たちのやる気を呼び起こして、自分たちの手で自立再生できるリゾートになっていけるのであれば、私たちはぜひそのノウハウを提供する使命があると考えています。今この世の中に必要としてくれる人たちがいるわけですから、そこに行って自分たちの力を提供できるというのは、私たちにとってすごい喜びだと思うんですよ。

もちろん、事業に入っていくときには、負けない闘いをしているつもりです。戦略的にも財務的にも、経営していけるという自信があるからやれている。特に一番肝心な部分、人であったり、組織であったり、サービスであったり、お客様の満足度であったりということに関しては、かなり再生できるものだと思っています。それは、やはり現地に残っているスタッフの力を信じるということですね。

茂木健一郎の

視点

リーダーに求められる役割

経営者は、会社組織のトップに立つリーダー。その役割は、はたしてどこにあるのだろうか。ピラミッド型とは異なる画期的な組織をつくり上げた星野さんの考えるリーダー像とは?

星野　リーダーに必要なのは、やはりまず行き先を示すということ。ビジョンを示すことがすごく大事ですし、示した行き先に共感を得る力がリーダーには必要だと思います。なぜそこに行くのか、そこに行くとどんなによいことが待っているのか。これを示すことの大切さは、たとえ会社の将来像であっても、乗っている船の行き先であっても、まったく同じだと思います。やはり、みんなに「いっしょにそこに行きたい」と思ってもらえることが、リーダーの条件だと思いますね。訴える力、行き先の重要性を説明できる力、そして共感してくれた者に対して「進んでいこう」という推進力を維持する力。これがないと、リーダーは務まらないでしょう。

人は、価値観や将来像についてくるものだと思っているんです。『星野リゾート』の場合も本当にそのとおりで、私という人間についてきてくれているのではなく、会社のめざしているものに共感して集まってきてくれているわけなんですね。ですから今、私に対する信頼感があるとすれば、それは私が示した将来像に、真剣に、最短距離で進んでいると思えばこその信頼感なんですよ。私がちょっとでも違う行動をとりはじめたら、「うちの経営者はおかしくなった」と社員は見るでしょう。それくらい社員の目は厳しいものです。そうなった瞬間に、組織全体の推進力が失われてしまいますから。会社の安定性というものは、それほど壊れやすい存在だといつも感じています。

いろいろなメディアに取り上げていただいたり、業績がよくなってきたり、会社の規模が拡大してくると、傲慢になっていくリスクを常に秘めていると思います。それはもしかすると、人間の持つ基本的な性格なのかもしれません。ですから、そうならないように意識して、自分で注意していきます。そして自己分析だけでなく、周りからも確認してもらう。そのことは常に努力しているつもりです。

「リーダーに必要なのは、まず行き先を示すこと。そして示した行き先に共感を得る力です」——星野

星野佳路の「今」

さらなる再生へ

「社員を 信じる」

新たな再建の依頼が、星野のもとに舞い込んできた。静岡、伊東温泉の老舗旅館。四〇億円の負債を抱え、経営が行き詰まっていた。

二〇〇五（平成一七）年夏、六〇人の社員が星野の到着を待っていた。彼らを前にしたプレゼンテーションの場で、星野はいつものように切り出す。

「経営者が主役じゃなくて、あなたたちが主役というのは、常に忘れないでほしいと思います。みなさんの判断でやってほしい」

そしてこの日、星野は社員たちにある約束をした。

「旅館を再生するためのコンセプトを立てる。期日は二週間後」

どの客層にターゲットを絞り、どんな旅館をめざすのか。それが、再生へのコンセプトだ。数々のリゾート再生を手がけてきた星野の腕が、あらためて試される。

新たな再建の依頼は、静岡、伊東温泉の『湯の宿いづみ荘』。現場に赴いた星野は、さっそくコンセプトづくりの準備をはじめた。

「人はなかなか変われない」

旅館の存亡をかけた挑戦を前に、社員たちも何とかしなければと集まった。呼びかけたのは、現場のまとめ役である副支配人。だが、話し合いはまとまらない。

この旅館は、ここ一年の間だけで支配人が二度変わり、そのたびに方針も変えられていた。完全なトップダウンの経営体制。これまで上からの指示に従ってきた者が、急に自分たちで考えて動こうとしても、すぐに変われるものではない。社員たちは、明らかに戸惑っていた。

「コンセプトに正解はない」

星野は着々とコンセプトづくりの準備を進めていた。独自に行った顧客調査の結果に、気になるデータがあった。客の数が減っている中、根強く残っているリピーターがいる。その客層は、六〇代以上の年配の夫婦、五〇代以上の女性グループ、そして孫を連れた三世代の家族。このデータから、どんなコンセプトをつくり上げるのか。

「選択肢はたくさんあって、どれも正しい可能性があるんですよ。その中で最も正しいものよりも、最も共感されるものを選ぶほうがいい。そのほうが、組織の中で達成に向かう推進力になるんです。共感はすごく大事。一番大事かもしれません」

社員が共感できるコンセプトをつくるために、最も重要な作業の口がきた。この日、

核となる従業員との熱のこもった会議の末、コンセプトが見えてきた（右）。星野は社員を集めて、新しいコンセプトを提示した。

星野は東京のオフィスに旅館の社員を呼んだ。集まったのは、予約係やフロントなど、接客の最前線に立つ中核社員ばかり。星野は彼らに、どの客層を狙えばこの旅館の強みを最大限に生かせると思うかを尋ねた。

「この人たちが来たら一〇〇パーセント満足させられる、絶対にリピートさせますよ、といえる対象は誰？」

「共感」

しかし、なかなか意見が出ない。すると突然、星野は模造紙を社員たちに手渡した。そして、調査で浮かび上がってきた三世代家族や年配の夫婦といったリピーターについて、市場の分析動向や現場で感じていることを書き出すように言った。

どんな人が、何を楽しみ、何に不満そうだったか。この作業にみな、没頭しはじめた。現場の情報が出そろい、議論が進み出す。

やがて、コンセプトの輪郭が見えてきた。キーパーソンは、熟年女性。三世代家族でも、夫婦でも、友人同士でも、旅行の決定権を握るのは、この女性たちだ。彼女たちを満足させることができれば、様々な層を導いてくれる。

ここで星野が口を開いた。

「熟年女性のマルチオケージョン温泉旅館。これがコンセプトかもしれない」

マルチオケージョン、つまりどんな場合でも、どんな人と来たときでも、熟年の女性の要求に応える温泉旅館。議論を重ねた末に全員でたどり着いたコンセプトだった。

方向性が見えた会議から二日後、星野は、コンセプトを伝えるために旅館の社員たちの前に立った。大切なのは共感。一つの仕掛けを用意してきた。

「今日はみなさんに、クイズをやってもらいます。まず最初に、この旅館に最も満足している人は誰ですか？」

いきなりの問いかけに、戸惑う社員たち。やがて一人が「女性グループ」と答えた。

「ずばり正解です。では第二問……」

クイズを続けるうちに、社員たちが身を乗り出しはじめた。そこで星野は、みなで練り上げたコンセプトを発表した。

「戦略的なコンセプトは『熟年女性のマルチオケージョン温泉旅館』。ここだったらプールがあるから孫と来てもいいね、そんな戦略に持ち込むことが大事です」

自分たちの向かう道が、初めて見えた。社員の表情から、不安の影が消えた。

「いきなり全部直そうとしなくてもいいのです。一つひとつできることを、社内で話し合いながらやってほしいな、と。何が顧客にとってベストかを、みんなに共有してほしいなと思っています」

まもなく旅館は変わりはじめた。

熟年女性に合わせた料理、お客の名前を覚える細やかな接客……。少しずつ、自分のできることを考えて実行する。任せられ、仕事を楽しむ姿が、そこにあった。

プロフェッショナルとは

星野佳路への最後の質問

プロフェッショナルとは、常に完璧をめざそうとしている人なのかもしれないですね。常に自分に足りないところを理解していて、完璧になるなんていうことはおそらく生涯あり得ないんだけれども、でも淡々とそこをめざしている。進化を続けるその姿が、プロの姿なのかもしれないと思いますね。

今のところは、自分自身に足りないところも見えていて、常に修正したり、謙虚でありたいと思ったり、決して傲慢な姿勢で仕事をしないようにという意思を持ちつづけられています。それができているうちは、自分でも何とかなっているのかなと思いますね。本当によい経営者とは何かということを考えながら仕事をしていて、自分の残りのキャリアの中で、そこに一歩でも二歩でも近づきたいと感じています。

ただ、自分のキャリアって、そんなに長くないですね。自分の一番旬なときというのは、決して若いうちに思っていたほど長くないと、最近すごく感じます。

だから若い世代には、自分の好きなことであったり、楽しいことをぜひ突き詰めてほしい。そのほうが人生にとってもキャリアにとってもプラスになると思います。楽しいことだと、どんどん発展させていけますから。その楽しいと思える何かを持てる人と持てない人とでは、将来的にすごく大きな差がついていくのではないかと感じています。

「常に完璧をめざそうとしている人。常に自分に足りないところを理解していて、完璧になるなんていうことはおそらく生涯あり得ないけれど、そこを淡々とめざしている」

——星野佳路

クオリアコラム

「主体性」の持ち方で運命が変わる

茂木健一郎

星野さんの仕事の条件はこの上なく厳しい。破綻リゾートの再生。それは、自らの生活の基盤が崩れるかもしれない危機にさらされている人たちにとって、そこから逃れようのない仕事の現場であり、様々な負の感情が渦巻く修羅場でもある。

不安、恐怖、怒り。そのような負の感情を、前向きの「やる気」へと変えていく。そのような「感情の錬金術」を、星野佳路さんは長年の経験の中で編みだしてきたのだ。

もともと、人間の感情は、何が起こるかわからないこの世の「不確実性」に対処するために進化してきた。負の感情にも、実は役割がある。「感情のエコロジー」の中で、果たすべき大切な働きがあるからこそ、一見後ろ向きで無駄にも思える感情が、人間の脳の機能として残されてきたのだ。

どうすれば、負の感情を正のそれに転化することができるか？　星野さんの仕事の流儀の中に、脳の働きという視点から見てもきわめて「合脳的」なヒントが隠されている。

まずは、自らの運命を努力次第で切り開くことができるという「主体性」の感覚を持つことである。ここで、「主体性」とは、前頭前野を中心とする神経ネットワークがつくる「私」が、自らの行動を選択して、人生の結果を左右できるという認識のことである。

人間は、環境に対して積極的に働きかけ、そこからのフィードバックを通して自分の考え方や行為を修正することで学んでいく。その際、自ら行為を選択し、その結果を左右することができるという「主体性」の感覚がなければ、脳が本気にならない。無力感に囚われていては、学びの回路が発動しないのである。

自らの働いている組織が経済的に破綻しそうだ、という時には、人間はどうしても無気力になったり、投げやりになったりしがちなものである。必ずしもうまく行くとは限らないが、がんばれば何とかなるかもしれないという「主体性」なしに学びはなく、負の感情の正の感情への転化もあり得ない。星野さんの、「任せれば、人は楽しみ、動き出す」という流儀は、まさに危機の現場に「主体性」を導入する正攻法のやり方だと言える。

そして、何よりも大事な「成功体験」。脳の学習の方程式は、一言で表せば、「うれしいこと」があった時に、そのうれしさを導いた行動を強化するというもの。脳の中で「うれしさ」を表すドーパミンが放出された時に、その前にやっていた行動が強化される「強化学習」が、脳の回路をつなぎ変え、負の感情を正に転化する何よりの特効薬なのである。

人間の脳にとって、「うれしいこと」は何よりも、人から信頼され、認められること。星野さんの、「リゾートで働く人は、お客さんに喜んでいただくことを、自らの喜びとしているのです」という言葉に、「この人は人間の脳のことがよくわかっている」と感心した。

人間は、命令すれば動く機械ではない。負の感情にもちゃんと役割があることを認めた上で、「よろこび」を学びの原動力とする。そして、自らの行為を選び取り、運命に影響を与えることができるという「主体性」をきちんと持つ。さらには、お互いの「主体性」を認め合う。お互いを尊重する人間関係が、脳の働きから見れば結局はもっともストレスなく、創造的な組織作りにつながる。

星野さんの仕事の流儀に、太古から変わらない「人を動かし、自ら動く」ための方法論を見た思いがした。

プロフェッショナル　仕事の流儀　　File No.002

ひたむきに〝治す人〟をめざせ

小児心臓外科医　佐《さ》野《の》俊《しゅん》二《じ》

「生まれたての赤ちゃんの心臓は、直径わずか三センチ。その小さな心臓を手術するとなると、ほんの少しのミスが、命に関わる事態になる。そんな大変な重圧の中で、毎日どのように仕事をしているのだろうか」——茂木健一郎

小さな命に希望の光を

佐野俊二の仕事

左心低形成症候群。千〜千数百人に一人の割合で生まれてくるとされる先天性の難病であるが、その原因はまだわかっておらず、日本では生存率がおよそ三割といわれる。だが、その数字を八割にまで引き上げることのできる、世界でもトップクラスの小児心臓外科医がいる。佐野俊二、五三歳。これまでに、数々の難手術を成功させてきた。

佐野のもとに集まってくるのは、ほかでは手術が難しいと言われた子どもたちだ。難病に苦しむ親子が、その腕に最後の望みを託す。そんないくつもの思いに、佐野は応えてきた。

二〇〇二（平成一四）年には、一二七〇グラムの未熟児の心臓手術に成功。心臓から伸びる大動脈が生まれつき途切れている大動脈弓離断症《きゅうりだんしょう》と、大動脈と肺動脈の壁に穴があく大動脈肺動脈中隔欠損症《ちゅうかく》とを併発している、難しい症例だった。生後二二日目の新生児の心臓の直径は、三センチ。大動脈の直径は、わずか四ミリだった。この成功は、人工心肺装置を使った本格的な手術としては、国内では最小、世界でも数少ない事例となった。

生と死が隣り合わせの命の現場、小児心臓外科。佐野は今日も、小さな命と向き合う。

生と死が隣り合わせの命の現場で、佐野俊二は今日も、小さな命と向き合う。

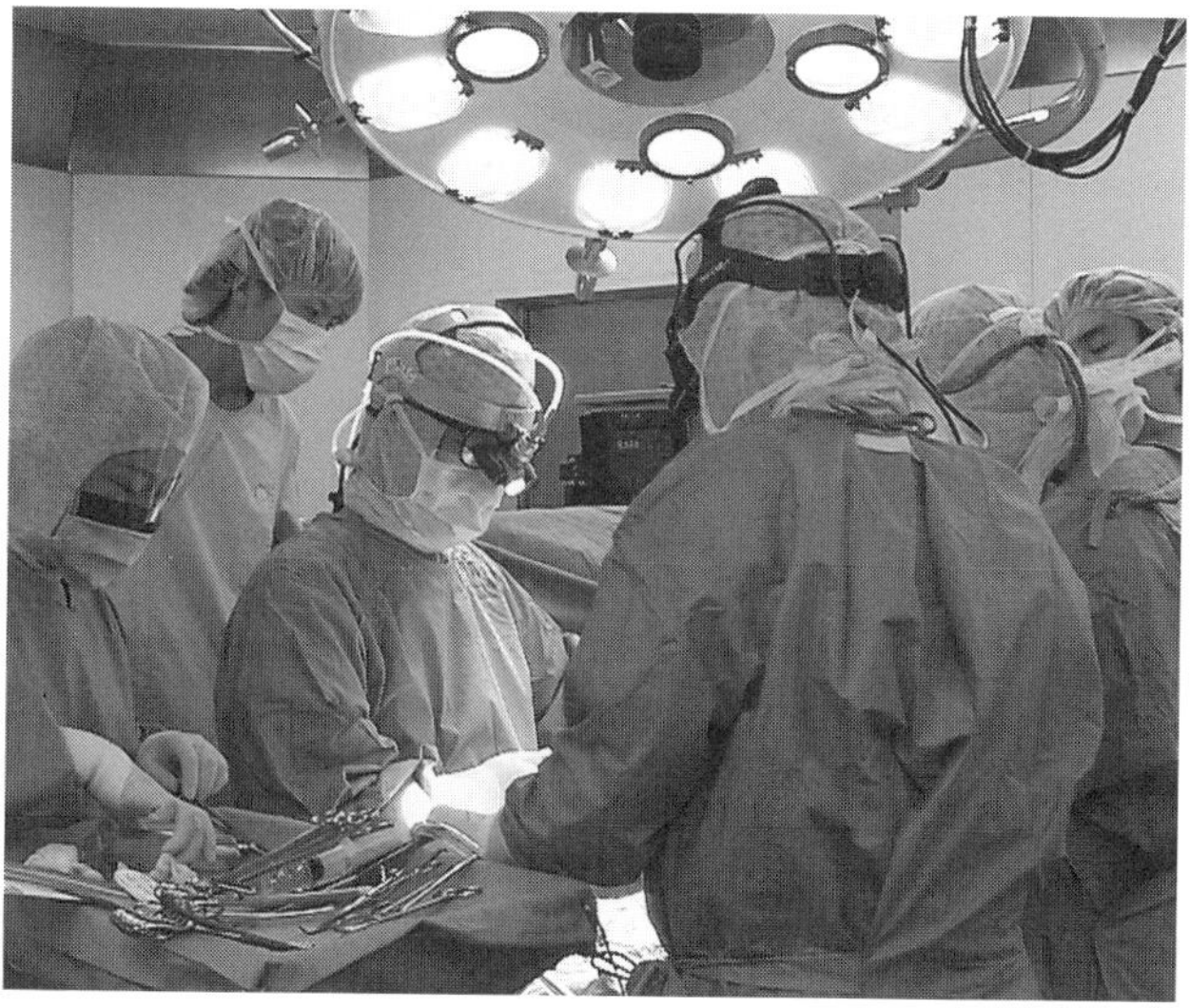

佐野俊二の経歴

1952　広島県芦品《あしな》郡（現・福山市）に生まれる
1977　岡山大学医学部を卒業
1982　岡山大学大学院医学研究科を卒業
1984　岡山大学医学部第二外科に勤務
1985　ニュージーランドへ留学。サー・ブライアン・バレットボイスに師事
1987　オーストラリアへ留学。ロジャー・ミーに師事
1990　岡山大学医学部第二外科の助手に就任
1991　岡山大学医学部心臓血管外科の助手に就任
1993　岡山大学医学部心臓血管外科の教授に就任
2001　岡山大学大学院医歯薬学総合研究科心臓血管外科の教授に就任

Scene01

佐野俊二の「仕事の現場」

その指先に命が託される

手術は佐野にとって日常の風景(上)。後進の指導もまた、佐野に課せられた使命だ。

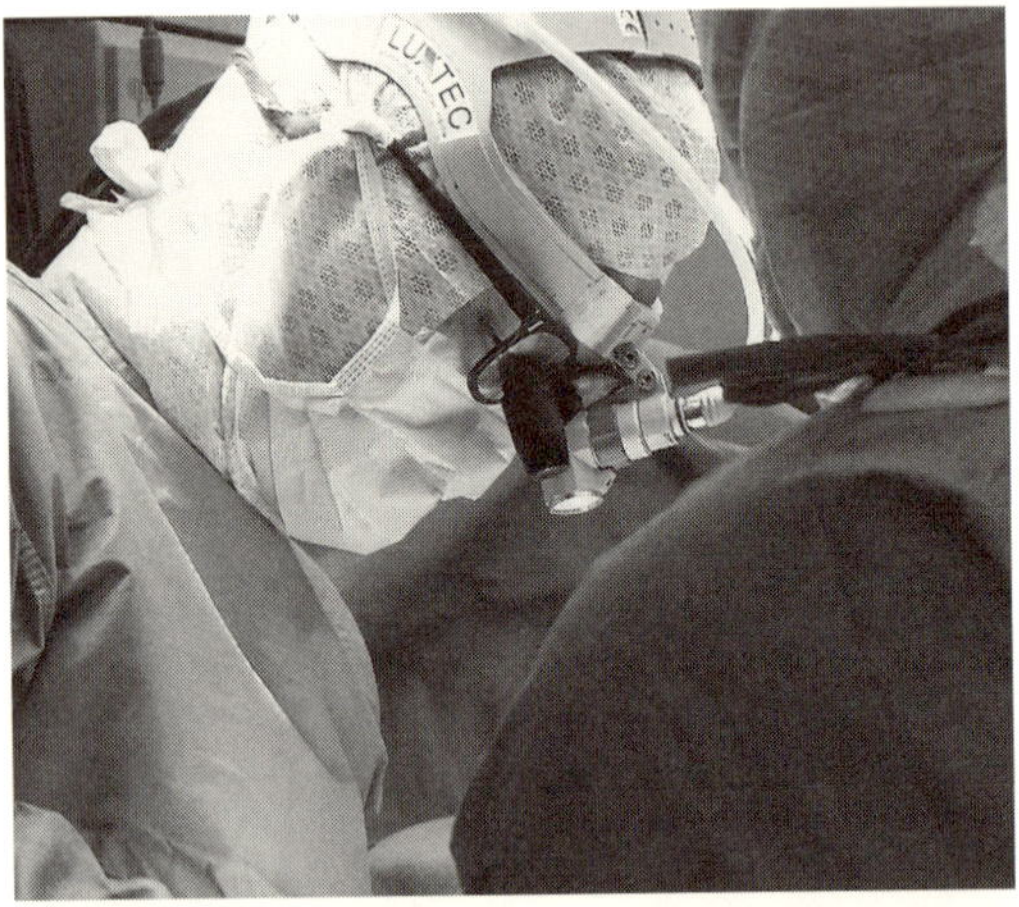

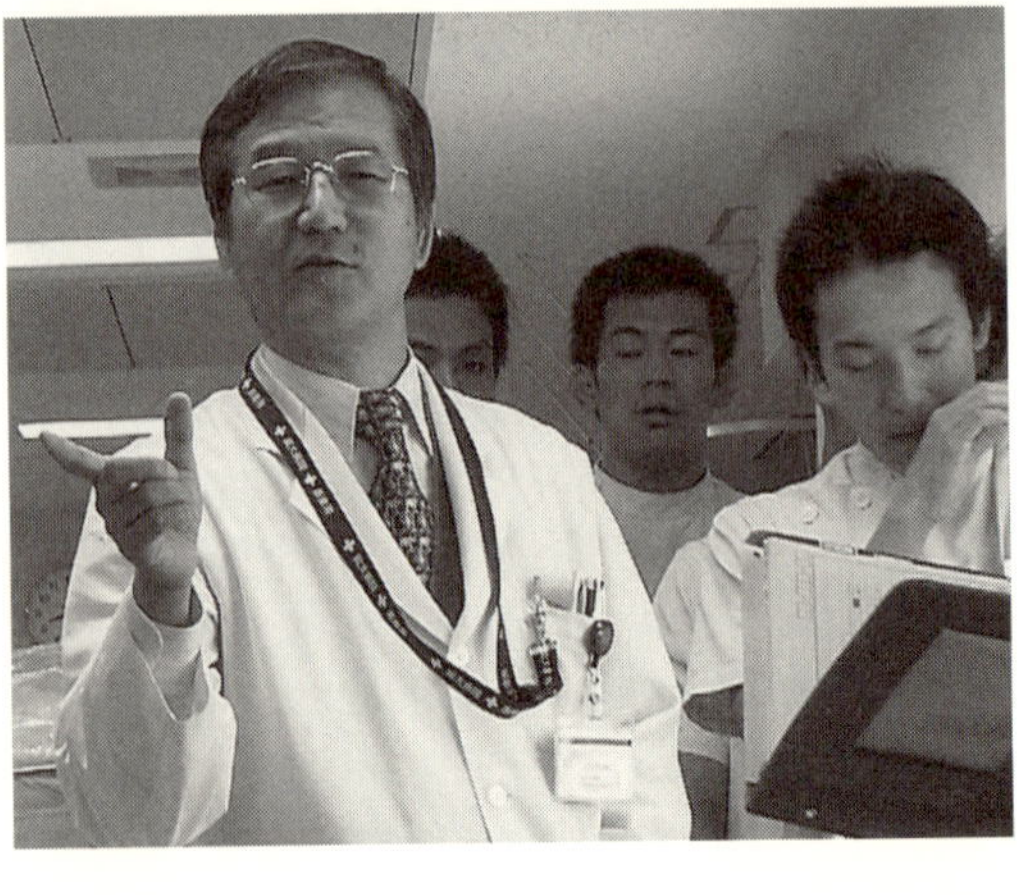

朝八時、小児心臓外科医、佐野俊二の過酷な一日が始まる。まず向かうのは岡山大学医学部附属病院内の自分の部屋。秘書もまだ来ていない。佐野の部屋は、驚くほど散らかっている。床には散乱した書類とともに、ネクタイが落ちている。この部屋を一歩出れば、そこは戦場。片づけをする暇はない。

佐野のもとには、三〇人ほどの子どもが入院している。そのほとんどが、生まれつき重い心臓病を抱えている子だ。手術をしなければ生きられない。ほかの病院で、手術は難しいと言われ、ここにたどり着いた子どもも少なくない。中には海外からやって来た子もいる。マレーシアから来た子どもの父親はこう語る。

「たくさんの国の医師に助けを求めました。しかし、この子を助けることができると言ってくれたのは佐野医師だけです。この子は幸運です」

「一%の可能性があれば、それにかける」

佐野は心臓外科医として、自らに課していることがある。

「一パーセントか二パーセントの可能性があれば受けますよ。絶対に助かる子の治療だけをして、そういう難しい治療をしないというのは、医療の原則に反している。どんなに難しくても、医学的・理論的に助かる可能性があれば、治療しますよ」

ある日、一組の親子が相談に来た。埼玉県に住む九歳の少年。心臓病が年々悪化し、今では一〇〇メートル歩くのが精一杯だという。母親は言う。

驚くほど散らかった病院内の佐野の部屋。この部屋を一歩出れば、そこは戦場だ。

「確実に苦しい状態に変わっています。方法があれば飛びつきたいというのが、正直なところです」

この親子は、二つの病院で、手術は難しいと断られていた。少年は、肺につながる動脈が直径二〜三ミリと異常に細く、十分な血流が確保できなくなっていた。何もしなければ病状は悪化しつづける。佐野は肺の画像をにらみつづけた。

「いい条件を与えてあげれば、意外と反応してくれるかもしれない」

枝分かれした細い血管を手術でつなぎ合わせれば、十分な血流を確保できる。可能性はあると、佐野は判断した。

「一回の手術をするだけで、たぶん何百メートルか歩けるよ」

佐野の言葉を聞いた母親は、わが子に向かって言った。

「何百メートルも歩けたら、夢のような世界だよ」

少年は、佐野のもとで手術をすることを決めた。

「腕は修羅場の数で決まる」

佐野は、多い日で一日に五件、年間三〇〇件を超える手術を行う。日本では群を抜く多さだ。休めば、それだけ腕が落ち、患者の命に関わる。

この日の手術は、広島から来た六歳の男の子。心臓の右側に生まれつき異常があり、手術をしなければ普通の生活を送れなくなる。母親は、すがるような思いで佐野のも

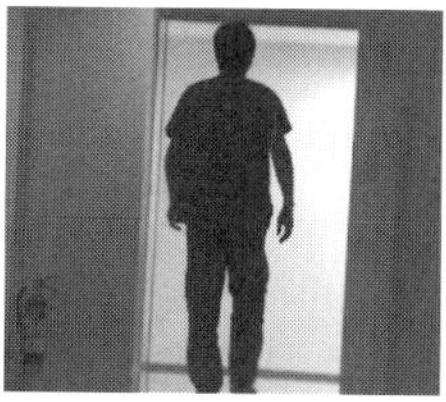

手術前、佐野は必ず一人になり頭をからっぽにする（右）。佐野の力が及ばないこともある。それもまた佐野の日常だ。

とにやって来た。

「『仕事』の前に、からっぽになる」

手術前、佐野は必ず一人になる。コーヒーをすすり、パンをほおばる。極限の仕事に向けて、頭を一度、からっぽにする。午後三時、男の子が手術室に入った。

「さあ、頑張りましょう」

佐野も続く。帽子をかぶり、拡大鏡をつける。何千回と繰り返してきた一連の準備。佐野は一気に集中を高める。手術が始まった。この男の子の手術では、心臓をいったん止め、その間、人工心肺をつけて処置を行う。

男の子の心臓が、止まった。

心臓手術は時間との闘いだ。時間がかかれば、命が危険にさらされる。短ければ、回復は格段に早い。佐野の動きは、極限まで無駄がそぎ落とされている。流れるように動く指先。一瞬たりとも止まることがない。そして佐野は、この手術の目的である筋肉組織の切除に入った。どこまでも冷静に手術を進める佐野。午後六時過ぎ、その指先が止まった。手術終了。止まっていた心臓は、再び動き出した。

一週間後、男の子は無事に退院していった。しかし、佐野に休息の時間はない。手術を待つ子どもがいる。患者の容態が急変することも、そして力が及ばないこともある。それもまた佐野の日常。立ち止まってはいられない。

佐野俊二の「道具」その1

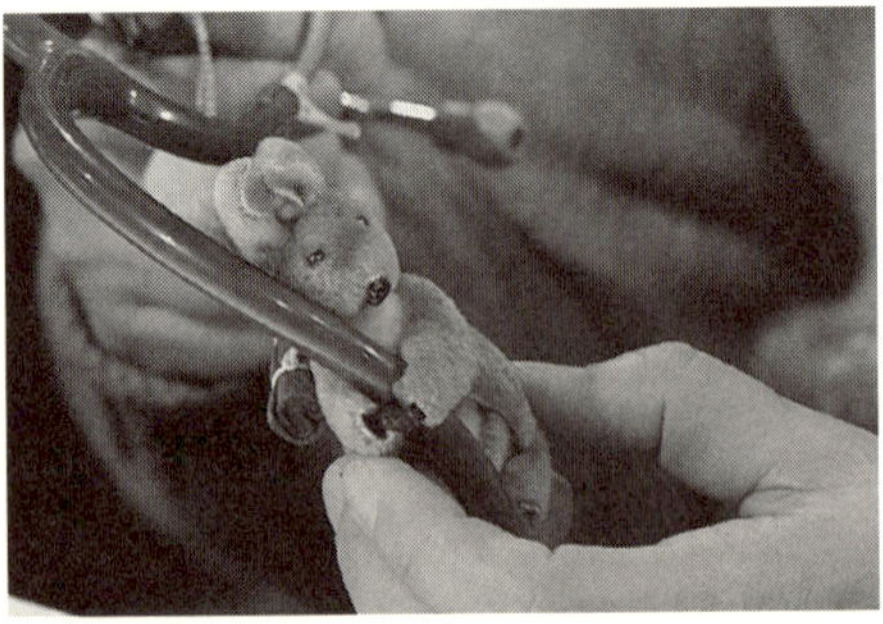

ぬいぐるみ

怖さを打ち消す小さな友だち

私の専門は、小児心臓外科、つまり子どもが相手です。だから小さい子が泣かないように、聴診器にはいつもぬいぐるみを付けています。これは、腕の部分で挟めるようになっているので、都合がいいんです。子どもはたいてい病院や医者が嫌いなもので、診察するだけで泣き出す子も少なくないのですが、このぬいぐるみで気を引いている間に診察をすると、まず泣きません。むしろ、親しみを持って触ってきます。ただいつも同じだと飽きてしまう子もいるので、ときどき変えています。それに、「欲しい」と言われるとあげてしまうんですよね。今は、学会などで出かけた際に、まとめ買いをすることが多くなっています。

大きな子どもになると、もうこういったものではごまかせないし、自分の体のことをわかっているので、病気についてきちんと話します。親にではなく本人に話すことで、苦しいとき、頑張らなければいけないときに、治療に協力してくれるようになるんです。

佐野俊二の「道具」その2

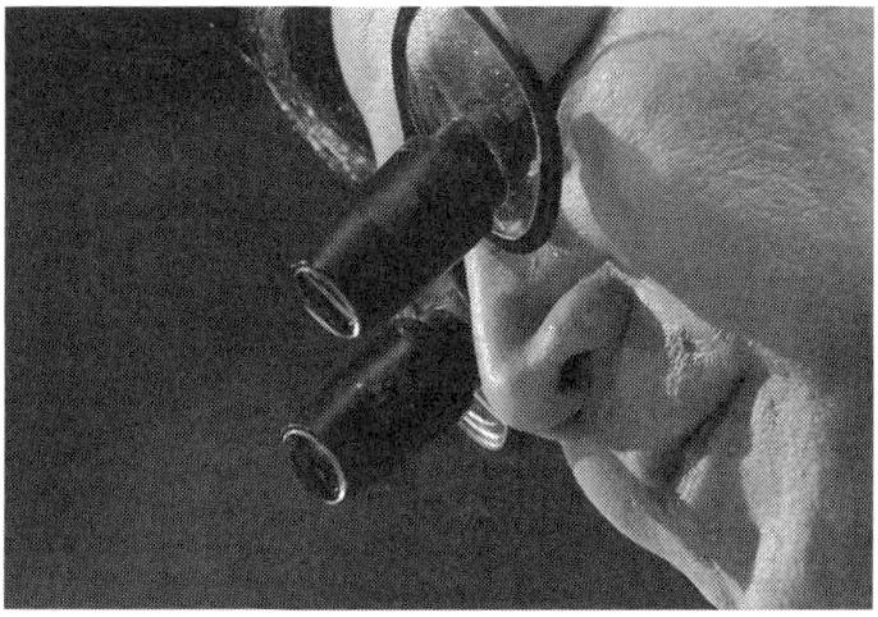

拡大鏡

繊細な手術に不可欠な心臓外科医の“目”

手術のときには、拡大鏡を使います。成人の心臓外科手術では、普通は二・五倍のものなのですが、子どもの心臓は小さいので三・五倍のものを使っています。より細かい血管のバイパス手術をするときなどは、さらに倍率の高い四・五倍を使うこともあります。

この拡大鏡をつけての作業は、慣れるまでに時間がかかります。拡大鏡で見える範囲は非常に狭く、視線を少し動かすだけで突然、通常の世界に入ってしまうわけですからね。その両方を見ながら手を動かせるようになるまでには、毎日かけていても数か月以上はかかるでしょう。ずっとかけていると今でも頭が痛くなります。

眼鏡のつるの部分にはテープを巻いて、耳に合うように調整してあります。そしてレンズにも自分の目に合わせた度が入っているので、ほかの人のものは使えません。だから、別の病院に手術に行くときも、これを持っていく必要があります。忘れてしまうと、手術はできないですね。

茂木健一郎の

視点

難手術を可能にするのは何か

佐野さんの専門は小児心臓外科。大人に比べると心臓はピンポン球ほどの大きさしかなく、血管は非常に細い。そこにメスを入れ糸を通すのは、誰にでもできる技ではない。そんな難手術を可能にしているものは何か。

佐野　子どもの小さな心臓の手術は、もちろん誰にでもすぐにできるものではありません。だから、できるようになるためにトレーニングをするわけです。

まず第一に、集中力の勝負なので、どうやって集中力を高めるか。集中すればするほど——表現が難しいのですが——普通の人にはなかなか見えないものがスッと見えてくる。集中力が高まると、見えてくる瞬間があるんですね。そこまで自分を持っていかずに手術をすると、患者さんが命を落としてしまいます。

だから私は、五分かかっても一〇分かかっても、見える瞬間がくるまでは一切手を動かしません。その間、ほかのことは考えずに、ひたすら心臓をじーっと見るだけ。うまくいかなければ、一度仕切り直し。冗談を言ったりしながらリラックスして、そのあとでまたあらためて集中していきます。

二ミリ切れば治る病気でも、その二ミリがほんの〇・一ミリずれると、それで死に至ることがある。切るのは一瞬。一〇分間、集中力を高めたとしても、切る瞬間のほんの数秒で、患者さんが生きるか死ぬかが決まってしまうんです。だから絶対に無理はしません。たとえ一時間かかったとしても、とにかく一瞬、見えればいいわけですから。

「まず第一に集中力。集中力が高まると、普通の人には見えないものが見えてくる」——佐野

from Mogi

最先端医療の現場は、われわれ素人からすれば科学技術の塊のように思える。ところが、最後の最後には人間の感覚や集中力といった、テクノロジーでは補えない部分が効いてくるというのは、非常に面白い。

茂木健一郎の

視点

究極の決断に必要なものとは

人の命に直結する仕事である心臓外科医には、究極ともいえる決断が求められる。そういう場で決断を下せる能力は訓練で身につくものなのか、それとも当人の持つ資質が重要なのだろうか。

佐野　医学は科学なので、そこには理論があるわけですが、でも最後の最後のところでは、特に心臓の場合、やるかやらないかの二者択一なんです。その決断は、ある意味では、その人の持つ感覚の領域に入ってくる。トレーニングと経験を重ねることによって、そういった感覚は研ぎ澄まされていくのだと思います。

ただ、集中することでパッと頭に浮かんでくる人がいる一方で、トレーニングを積んでもそれが浮かんでこない人もいるかもしれない。そのあたりは、説明できないことがありますね。いわば応用問題になるわけで、そうなると教えられることと教えられないことが出てくるんです。

また、心臓外科医という仕事が、人格や性格をつくり上げる面もあるのかもしれません。経験上、心臓外科医は決断が早いことが多いんです。例えば何かが投票で決まったとすると、それまで反対していた人も比較的あっさり賛成にまわって「そうしましょう」となったりする。ダメならダメで、すぐに切り替えるような頭になっているのでしょう。そういう部分は、同じ医師でも専門の科によって傾向が違うように感じています。

心臓の手術ほど時間にしばられている手術はありません。もちろん、ほかの科の手術も早いほうがいいわけですが、一時間以内に終えないと患者が亡くなるようなケースはなかなかありません。心臓の場合、容態によって決まってくる時間の中で、自分がどれだけのことをできるかが勝負になります。

たとえ一〇〇パーセントの手術をしたとしても、三時間かかったら亡くなってしまうこともあるのが心臓手術です。でも、八〇パーセントの手術を一時間で終えれば助かるかもしれない。あとの二〇パーセントは、例えば再手術のときにまわしてもいい。そう考えられれば、その人を助けられます。これ以上時間をかけたら助からないと思ったら、きっぱりやめる決断をすることも、心臓外科医には必要なのです。

「医学は科学。でも最後の最後のところでは、やるかやらないかの二者択一なんです」——佐野

茂木健一郎の

視点

難局を乗り切るために必要なこと

人の命に直結する手術を行うことの重圧感は、とても想像がつかない。手術前、そして手術中に、思わず自分を見失ってしまうような重圧を感じることはないのだろうか。そういうときはどう対処するのか。

佐野　手術の重圧で自分を見失いそうになることは、いくらでもあります。でも、見失ってしまったら、それはもうダメなんです。特に、チームのリーダーがパニックに陥ると、これはもう絶対にダメです。たとえどんなに周りがパニックになっても、リーダーさえしっかりしていれば、最悪の事態には陥りません。だから、リーダーは何があっても冷静でいないといけない。

今が大事な瞬間だということを自分は知っているのに、チーム全体が認識していない場合は、わざと怒ります。それは、術者がこれだけ重大な局面だということを、みなに知らせるためです。そうすると、全員の意識がピッと引き締まりますね。

過去の経験に照らし合わせれば、いろいろな対処の仕方がわかるものです。ただ、自分が今までにあまり経験していないような場面、例えば難しい症例などに遭遇する

「どんなに周りがパニックになっても、リーダーさえしっかりしていれば、最悪の事態には陥りません」――佐野

と、すぐには判断ができません。その場合は、今までの経験から得た知識を組み合わせて、どうしたらいいかを考えます。迷うこともありますが、時間は限られているので、たとえ迷ったとしてもどこかで決断をしなければならない。決断できないまま何もせずにいると、患者さんは死んでしまいます。

そのような事態を防ぐために有効なのは、情報です。手術の前に得られる情報が多ければ多いほど、パニックにはならないですね。診断の技術が高まって、手術前に様々なシミュレーションができるようになると、パニックにはなりにくくなる。けれど現実には、一〇〇パーセントの情報があるようなケースはないわけで、そういう場面に出くわしたときに、いかにそれを克服するか。それが一流の人とそうでない人を分ける気がします。

茂木健一郎の

視点

「神の手」よりも大切なものとは

外科医というと、「神の手」といった表現が優秀な人に対して使われるように、手先の器用さ、技術の優秀さがクローズアップされる傾向がある。しかし佐野さんは、精神力や判断力を重視しているようだ。

佐野　医師をめざす学生がよく間違えるのは、手先が器用かどうかで外科医の適性を判断してしまうことです。例えば「自分は手先が器用ではないから外科医にはなれない」という人がいたり……。しかし、手術は手でするものではなく、頭でするものなんです。もちろん、手先が器用であればそれに越したことはないのですが、それがすべてではありません。

特に要求されるのは集中力。例えば、今から五分間、身動きもせずにじっとこの一点を見なさいと言われたら、多くの人ができるかもしれません。でも、それを三〇分続けなさい、一時間続けなさいと言われたらどうでしょうか。なかなかできることではないと思います。それを可能にするためには、日々のトレーニングが必要になります。集中力を高めるトレーニングをしなければいけない。

「手先が器用であるに越したことはないのですが、それがすべてではありません」――佐野

集中するために、何かコツがあるわけではありません。私の場合、手術の前は、まず患者さんのデータを見て、カンファレンスで討議した内容をもう一度自分で思い出します。

そのときに、いろいろなことを考えているとなかなか集中できないので、コーヒーでも飲みながら一人で手術のシミュレーションをしていますね。ほかの人がいると邪魔なんです。みんなそれをわかっているから、誰も近づいてこないですね。話しかけると怒られると思っているのか、誰も話しかけない。その間に、「今日はこういうふうにして……」などと考えながら、だんだんと自分の頭を切り替えていきます。

そして、手術用の服に着替えたり、眼鏡（拡大鏡）をかけたりするうちに、少しずつ手術に向けて気持ちが入っていきます。

茂木健一郎の

視点

気持ちをいかに切り替えるか

どれほど手を尽くしたとしても、力が及ばなかったり、想定外の事態になるケースが起こるのが心臓手術。不幸な結果になったときに、その気持ちをどのようにして切り替えるのだろうか。

佐野　手術がうまくいっても、特に重症の子や生まれたばかりの赤ちゃんは、ちょっとしたことですぐに悪くなってしまいます。最悪の場合、命を落とす結果になる。めったにないとはいっても、年に何度かは必ずあるんです。そうすると、手術がうまくいったときほど、自分や周りに怒りをぶつけたい気分になります。けれど、起こってしまったことはしかたがない。大切なのは、そこからどうやって抜け出すかです。今、目の前にいる死にそうな子をどうやって助けるか、そちらに意識を切り替えないといけない。過去に起きたことをいくら悔やんでも先には進めないので、そこで終わりにする必要があるんです。

冷たいようですが、過去に起こったことをどうこう言ってもしかたがありません。チームの二番目、三番目の人は言ってもいいですけれど、リーダーには許されないいん

「起こってしまったことを悔やんでも先には進めない。原因がわかれば同じことを繰り返さずに済みます」――佐野

です。リーダーが次のことに向かっていかないと、例えば船長がいつまでもくよくよしていては船がどこに行ってしまうかわかりませんから。やはり軌道修正はリーダーの役目なんです。

それでもくよくよするときもありますよ。例えば、亡くなった人のことを考えたり、合併症を患って長く入院している人を見ると、あのときこうすればよかったのではないかと、今でもずっと思いますよ。そういう思いは忘れません。

でも、くよくよしているばかりでは進歩がない。その患者さんがどうして亡くなったのかという原因がわかれば、同じことを繰り返さずに済む可能性があるわけです。次に同じような患者さんが来たら絶対に助けると、チーム全体で考えることが重要だと思います。そうすれば、不幸にして亡くなる人の数が年間五人から四人へ、四人から三人へと減っていき、最後にはゼロになるかもしれない。そうなるまでには、勉強することがいくらでもありますから。

Scene02

佐野俊二の「ターニングポイント」

自らの過ちを糧に

佐野は、エリートではない。大学受験には失敗。浪人して、地方国立大学の医学部に入った。卒業後、心臓外科医をめざしたが、勤務した病院はレベルが高く、三〇歳を過ぎても心臓手術をさせてもらえない。年下の医師が活躍するのを、佐野は傍らで見つめていた。

すでに結婚して、子どももいた。何とか腕を磨きたい。思いついたのは、当時まだ珍しかった海外留学。外国の名医に手紙を書き、なけなしの金をはたいて訪ね歩いた。しかし、まともに取り合ってはもらえなかった。

そんなある日、台湾の学会に世界的名医が来ることを知らされる。佐野は、なりふりかまわず押しかけた。相手は、サー・ブライアン・バレットボイス。新しい手術法で注目を集めていた、ニュージーランドの名医である。そのバレットボイスに、佐野は手術を教えてほしいと頼み込んだ。翌日も、また翌日も、食い下がった。そのときのことを、バレットボイスはこう回想する。

「彼には、若さと熱意がありました。そして、とても粘り強かった。最後には、私は

三三歳のとき、世界的名医のバレットボイスに弟子入りした佐野。不遇だった日本での生活を脱して、有頂天となった。

断りきれなくなったのです」

三三歳のとき、バレットボイスを訪ねてニュージーランドに渡った。世界的な名医のもとへの弟子入り。佐野は有頂天だった。一年後には、簡単な手術をさせてもらえるようにもなった。

しかし、ここで佐野は、心臓外科医という仕事の本当の怖さを思い知る。

ある日、佐野は、高齢の女性の手術を受け持つことになった。狭心症のバイパス手術。先輩医師に教えられた一般的な方法で手術をした。

その夜、女性の容態が急変した。

「手術して、うまくいって帰ったところ、何時間かしてICU（集中治療室）で突然、血圧が下がって……。いったい何が悪かったのか、という感じでしたね」

すぐさま緊急処置を行ったが、女性は息を引き取った。自ら手術をした患者を亡くしたのは、佐野にとってこれが初めての経験だった。

数日後、同僚にこう言われた。

「なぜあのやり方で手術をしたのか。別の効果的な方法があったのに」

その言葉が、佐野の心に突き刺さった。

「自分に知識がなくて、その人を殺してしまった。ちゃんとした手術をしていたら、このおばあちゃんは助かっているなあと、あとから思いましたよ。きっと助かったと。死なずに生きているはずの人だったと」

ただ教えられるまま手術をした。そんな自分が患者を殺した。そのときから佐野の目の色が変わった。

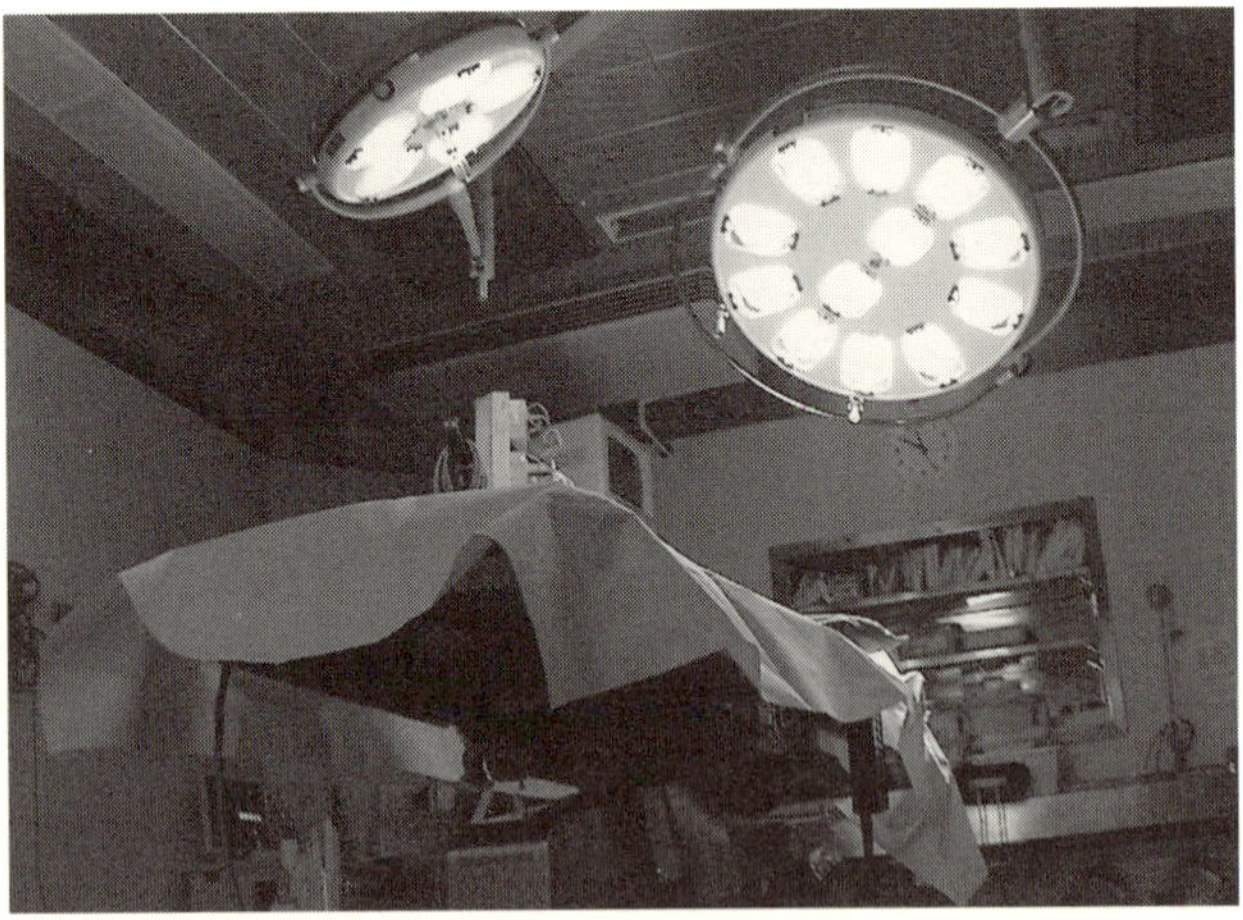

ただ教えられるまま手術をした自分。そんな自分が患者を殺した。そのときから、佐野の目の色が変わった。

「過ちを忘れない」

寝る間を惜しみ、論文を読んだ。起きている間はずっと、手術道具を握りつづけた。師匠の手術を見ながら、克明に記録をとった。メスの持ち方、糸のかけ方、縫合の手順。わからないことは直接尋ね、それもメモした。

あの日から二〇年。苦い記憶と壮絶な努力が、今の佐野をつくり上げた。

茂木健一郎の

視点

患者の死が心に残したもの

ニュージーランド留学中、佐野さんは自ら執刀した患者さんを初めて亡くした。心臓外科医である以上、避けては通れないその経験は、佐野さんの心に何を残したのだろうか。

佐野　初めて自分の患者さんを亡くしたときのことは、忘れたことはありません。おそらく死ぬまで覚えているのではないでしょうか。あのときは教えられた最新の方法を施したのですが、今なら、それに昔からの方法を加えることで保証を取りにいったと思う。その経験も判断力も、あのときの自分にはなかった。それでもすぐに応急処置をしていれば助かったかもしれませんが、何が起こったのかも、どうしたらいいのかもわかりませんでした。ある意味、パニックに陥っていたんだと思います。

そのときは、もう完全に手術を任されていて、指導に当たる先生はいませんでした。もっと経験の多い先生に助けを求めていたら、もしかするとすぐに適切なアドバイスをもらえたかもしれない。それをしなかったことを、今でも悔やみますね。

患者さんを亡くすまでは、手術をさせてもらうことがうれしかった。心臓外科医を

「あの経験以来、『一人たりとも犠牲にするわけにはいかない』という思いを持ちつづけてきました」――佐野

めざす以上、やはり一例でも多く手術をしたいものです。それで、「したいしたい病」になってしまう。しかし、心と頭、そして技術がともなっていないと、最後に犠牲になるのは患者さんです。それは絶対に許されないと、指導を受けていた先生から強く教えられました。

患者さんの命と自分のプライドのどちらが強いかといったら、それは当然、命に勝るものはないわけで、医師のプライドなんて小さいものです。だけど、その小さなプライドがなかなか捨てられないから、みんな困っているわけです。そういった場面でプライドを捨てられる人は、きっとよい医師になれるのでしょう。でも、まだ若くて、自分一人で何でもできると思い込んでいるときには、他人に聞くということが自分のプライドを傷つけるように感じられてしまうのかもしれません。

あの経験は、自分にとって重大な転機だったと、今になって思います。その後、病院を移り、指導を受ける先生が変わっても、「一人たりとも犠牲にするわけにはいかない」という思いは常に持ちつづけてきました。

茂木健一郎の

視点

なぜ記録を残すのか

留学時代、佐野さんは関わった手術の記録をすべて手書きのメモに残したという。それは大変な労力だと思うが、なぜそこまでする必要があったのか。そして、その後の医師生活に与えた影響は？

佐野　五年間の留学時代にとった記録は、段ボール箱の中に大量に残してあります。一般的な手術記録は、どういう手術をどういう流れで行ったかということは書いてありますが、あとからそれを見ても手術はできません。どこをどういうふうに縫えばよいかというようなテクニカルなことは、細部までは書かれていないんです。当たり前にできる人が見れば可能かもしれませんが、若い医師には無理な話です。そこで私は、通常の手術記録のほかに、自分なりにメモを書き留めていました。そうすることで、細かいノウハウがわかります。それに、たとえ自分が行った手術でも、同じことをまたしようと思うと覚えていないものです。だから、手術のあとでそれを思い出しながら、自分なりの記録を書くんです。

これを自分で書くか書かないかでは、ものすごい差が出ます。書いている人は、一

「記録を残すことで、一人の患者さんから二回も三回も教えられることになるんです」――佐野

度の手術で一人の患者さんから二回も三回も教えられることになる。それには、三度の手術と同じ価値があります。もしかしたら、それ以上の価値があるのかもしれません。何も考えずに、ただ漠然と手術に就いていたら、一〇〇例でも一〇〇〇例でもいっしょ。それよりも、たとえ五〇例でも一つひとつの手術に集中したほうがいい。こうしてメモに書き出せば、自分がどれだけ集中して、どれだけ理解しているかがはっきりわかります。しかも、あとに残る。あとになって思い出せないときも、メモを見返してみれば、かつて自分が何をどうしたのかがわかりますからね。私には今、注意してくれる人も教えてくれる人もいないので、このメモがその役目を果たしてくれています。いわば師匠の代わりですね。

これは別に努力ではありません。普通のことなんです。プロをめざす限りは、このくらいのことをするのは当たり前。それをしない人は、プロにはなれないと思います。

茂木健一郎の

視点

どうすれば人はついてくるか

自分に続く若い医師を育てることも、佐野さんのような立場の人にとっては重要な仕事であるに違いない。厳しい職場に若者をつなぎとめるのは、決して容易ではないように思えるのだが。

佐野　どうすれば若い医師が自分についてくるか。私が留学中に教えられたことは、二つあります。一つは「お金」。給料を倍にしてあげると言えば、人はついてくる。そしてもう一つは「モチベーション」です。お金につられてきた人は、金の切れ目が縁の切れ目になるもの。でも、モチベーションでついてきた人は切れない。それが留学先の先生の教えでした。

では、具体的に何がモチベーションになるのかというと、例えば難しい手術。ほかの病院では手術できないと言われた患者さんが来たときに、自分たちがサポートして何とか生きて帰ってもらいたいと考える。これがモチベーションになります。そして、手術を担当するのは私でも、実際にはチームの仕事なので、その一人ひとりにモチベーションを持ってもらわなければなりません。自分一人で手術をするような態度でい

「人はモチベーションでついてくる。

モチベーションを上げるには、結果が必要なんです」――佐野

たら、誰もついてきてはくれないでしょう。

チームには役割分担があります。そして、様々な役割の中で担当者の技術や経験のレベルが一番低いところ、それがチーム全体のレベルになります。トップの一人が際立っていればいいわけではなく、下のレベルを上げないとよい結果は出ません。そこを鍛えて、明日は今日よりももっとレベルが上がるようにするのも、私のような立場の人間の仕事です。

そしてチームとしてよい結果が出せれば、人は必ずついてきます。反対に、結果が悪ければ逃げ出されてしまう。若い人のモチベーションを上げるためには、やはり結果が必要なんです。

茂木健一郎の

視点

方向転換を見極める時期

心臓外科医という職業にも向き不向きがあると思うが、若手の指導に際し、佐野さんはそれをいつ、どのように見極めるのか。そして、若い医師は自らの進路について、どう考えるべきなのだろうか。

佐野　心臓外科医になるには、まず最初に外科のトレーニングから始めます。それを終えて心臓外科に行くわけですが、最初に手術をさせてもらえるのは、血管や大人の心臓。子どもの心臓を手がけるのは、最後の段階です。その各段階で、この人は子どもを触るのには向かないと判断したら、「あなたは血管外科に向いている」「子どもよりも大人の心臓外科のほうがいい」と、私は本人にはっきり言います。使うだけ使って、最後の最後にポイッとほうり出すのが一番よくないと思うんです。そこでダメだと言われたら、本人も方向転換する時間がありませんよね。いたずらに引っ張って方向転換の時期を遅らせるよりは、早く伝えるべきだと、私は考えています。

同じことは、あまりよくない環境に置かれている人にもいえると思います。環境には、自分で克服できるところと克服できないところがありますよね。克服できるところは、自分で努力すればいいと思いますが、じつは克服できないところが問題の核心である場合が多い。例えば、組織そのものが問題の場合、これは自分が院長なり教授なり、権限を持つ地位にならない限りは変えられません。組織に問題があり、それが克服できない問題なら、諦めて居場所を変わったほうが、その人のためにはいいと思うんです。

よい環境でよい人に育ててもらえばすごく伸びる人も、教える人に恵まれなければ、せっかくの才能ややる気が生かされません。例えば野球やサッカーの世界にも、環境さえ変われば花開くはずの人が、きっといるはずです。同じように心臓外科医もプロであるわけで、花を開かせるために何かを変える必要があるのなら、変えるために動くべきでしょう。そして、環境を変えるための一番大きな要素は、やはり師匠です。師匠が変われば、才能を見いだして伸ばしてくれるかもしれないし、モチベーションが上がるかもしれない。その結果、一年後、二年後には、見違えるような成長を遂げている可能性だってあるわけです。

「最後の最後にほうり出すのが一番よくない。方向転換の時期は早く伝えるべきだと考えます」——佐野

茂木健一郎の

視点

人を育てることの意義

人を育てるために、指導者は大変な時間を費やさなければならない。自らの技術を極めようと考えたときに、その時間が惜しくなることはないのだろうか。現役の医師である以上、そう感じたとしても不思議ではないのでは？

佐野　留学から戻るとき、師匠が教えてくれたことがあります。一番簡単なのは、論文を書くこと。三回、四回失敗して一回だけ成功したとしても、それがものすごく珍しい症例であれば論文を書けるわけですから。自分はこれだけ論文を書いたというのは、いくらでも言えます。

それよりも難しいのは、自分のいる病院がよい施設であるという評価を受けること。それには一日や二日、一か月という期間では無理。何年もかけて、何百例、何千例という実績を積み重ねる必要があります。

そして最も難しいのは、人を育てること。自分の後継者というか、日本や世界のどこに出しても恥ずかしくなく、こいつは私が育てたと言いきれる人材を育てるのは、とても難しいことです。だけれども、それをしなければなりません。自分が歳をとり、

「自分が歳をとったときに誰も後継者がいなかったら、結果的に泣きを見るのは患者さんです」——佐野

手術ができなくなったときに、誰も後継者がいなかったら、結果的に泣きを見るのは患者さんですからね。だから、「自分が辞めるまでに、世界で通用する医師を三人育てなければならない。それができたときが、自分の役目が終わるときだ」と、オーストラリアでの師匠のロジャー・ミーは言っていました。しかし彼は、現役半ばにして三人を育てたので、「あともう二人育てて合計五人にしたい」と、軌道修正していましたね。

同じように私も、若い医師を育てたいと思っています。一人が三人育てれば、三倍の患者さんを手術できるようになるわけですから。ものすごく難しいことではありますが、そうやって新しい人材をつくっていかないと、あとに続いていかないと思います。

茂木健一郎の

視点

どうすれば人は育つのか

「最も難しいのは人を育てること」だと、佐野さんは言う。では、どうすれば人は育つのだろうか。また、若い医師たちを育てる立場にある佐野さんが、大切にしていることは何だろう。

佐野　人を育てるのにはすごく時間がかかるし、難しい。手術のときも、自分でするのが一番簡単です。それが一番早いし、リスクも少ない。一方、ほかの人に任せて、例えば切るところを間違えたら、それを直さないといけないわけです。そのほうがずっと難しい。しかし、それでもどこかで任せなければ、人は育ちません。加えて、任せることで自分の腕も上がるんです。人を教えれば教えるほど、ある意味では自分のレベルも上がっていきます。

問題は、どこまで我慢するかですね。例えばある手術に一時間が充てられたとしましょう。自分が最後の二〇分ですべてリカバーできると思うのであれば、四〇分までは我慢して若手に任せられます。もっと自信があるなら、四五分まで大丈夫かもしれない。反対に自信がなければ、三〇分で代われと言うかもしれない。いずれにしても、

「信頼されていると感じたなら、人は期待に応えようと努力します」——佐野

自分のことだけ考えれば、早めに交代したほうがいいわけですが、そうすると若手が自信を失う結果になってしまいます。若い人は任せられれば任せられるだけ、自分は期待されていると思い、頑張るわけですから。

信頼されていると感じたなら、若い人は期待に応えようと努力します。もっと勉強して、よい医師になろうとするのではないでしょうか。それが今は自分でなくても、指導者から信頼を受けている医師が目上にいれば、いつか自分もそこまで行きたいと考えるのが自然です。そういう意味でも、信頼は大切です。

留学中、まだ数例の手術しかしていなかったころは、私もものすごく不安でした。そんなときに師匠のロジャー・ミーが手術室に入ってきて「大丈夫か?」と聞いたら、私は信用されていないと感じてしまったでしょう。だから彼は、絶対に手術室に入ってきませんでした。陰では相当に心配していたようですが、それを気づかせることはありませんでしたね。

茂木健一郎の

視点

プレッシャーに打ち勝つ方法

佐野さんの仕事の現場は、毎日が、人には言えないようなプレッシャーの連続だと思う。それに打ち勝つ強さは、どこから湧いてくるのだろうか。また、若い医師にはどんなアドバイスを送っているのだろうか。

佐野　人の命を預かることのプレッシャーは、もちろんあります。私は五〇〇〇回以上、心臓手術をしてきましたが、たとえどれだけ経験を積もうとも、患者さんによってはわずか一ミリの失敗で死に至ることがあるんです。そういう症例のときは、やはり手術が怖い。だから、気持ちを十分に準備しておく必要があります。「ビー・ケアフル（注意しろ）」「ジェントル（優しく）」、ジェントル」と、頭の中でつぶやくんです。うっかりそれを忘れたときには、思い出しながらやります。

プレッシャーに耐える方法を教えることはできません。自分で克服するしかないんです。ただ、そのための手伝いはします。

経験の浅いうちからものすごく大きなプレッシャーを与えられたら、誰でもダメになってしまう。だから、プレッシャーは少しずつ、段階的に与えるようにしています。

「プレッシャーに耐える方法を教えることはできません。自分で克服するしかないんです」——佐野

これだけの腕があれば、このくらいの症例を任せる、という具合ですね。きちんと段階を踏めば人は育つと思うのですが、実際には、そのように育ててもらえない人がたくさんいるわけです。そして、重圧に耐えられずに失敗をしたりして、多くの人が辞めてしまったりするんですね。

これだけのプレッシャーがありながら私が心臓外科医を続けているのは、患者さんが私たちに命を預けて手術をしてほしいと言ってくれるからです。それが力になるんです。自分で選んだ仕事なので、そういった声に応えられる限りは続けたい。それは難しいことなんですけれども、逆に言えば生きがいというか、やりがいなんですよね。患者さんからの声がなくなったら、私はいつでも辞めます。

命の現場で人を育てる

極限の現場で働く小児心臓外科医。若い医師を育てるのは、容易なことではない。佐野は、人を育てるとき、一つの流儀にこだわっている。

「簡単に一人前にさせない」

佐野は、若い医師には、何年にもわたり手術をさせない。徹底して下積みを続けさせる。

「絶対無条件で手術をさせてもらうんだから、人の体を切るんだから、やっぱり覚悟がないと。体も心もそれだけの準備が整っていないと。そんなに簡単に切れるもんじゃないんだと教えないといけない」

深夜の当直、カルテの整理、検査の準備。病気と闘う子どもと向き合わせ、仕事の重さを体に刻み込ませる。

若い医師に休みはない。手当も少ない。道半ばで多くが挫折する。残った者だけに、佐野は手術をさせる。

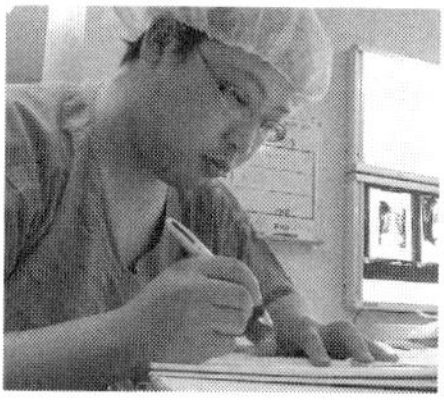

深夜の当直などでゆっくり休む間もない若手医師たち。その中に佐野が気になる最年長の大崎悟(左)がいた。

気になっている若手がいた。最年長の大崎悟、三二歳。佐野のもとに来て八年になる。大崎は、四国の大学を卒業後、佐野に憧れ、ここに来た。当直の合い間にも、佐野の手術を記録したノートを繰り返し見る。同期の多くは、すでに一般病院に就職しており、収入は桁違い。しかし大崎は就職の誘いをあえて断り、ここで見習いを続けてきた。大崎は言う。

「自分の手で命を救える医師になりたいですね。僕も自分の人生を懸けてやっていますから。それを懸けるだけのものになりたいし、懸けるだけのものにしたいという気持ちはありますね」

「プレッシャーが人を育てる」

佐野は、いつも手術を突然命じる。この日、それを告げられたのは大崎だった。

「今日、手術する? 勉強しなさい。勉強して、手術で行けるところまで行ってみなさい。できなかったら、すぐ交代だよ」

手術は六時間後。突然の指名に、大崎は戸惑っていた。先輩をつかまえ、手順の確認をお願いする。その様子を見ていた佐野は、あえて声をかけない。

突然、手術を任せることは、佐野自身が重い責任を背負い込むことでもある。患者を危険にさらすことはできない。しかし、一人で手術をやり遂げなければ、大崎は何もつかめない。

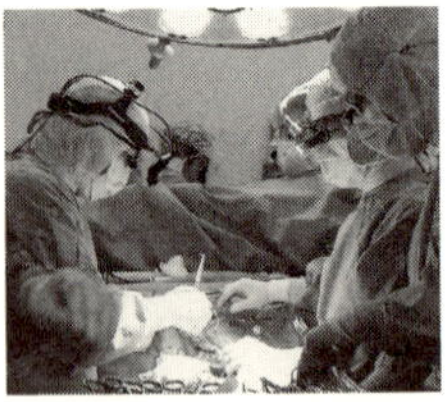

突然、初めての手術を任された大崎。佐野が見守る中、大仕事をやりきった。

「一番簡単なのは、全部自分で手術すること。人にさせるのは、すごく難しい。人にさせて自分が責任をとるというのも、すごく難しい」

手術の四時間前、大崎は会議室にこもっていた。佐野の手術を記録したノートを、何度も読み返していた。

患者は、この病院では珍しい五〇代の男性。心臓の弁が機能しなくなる病気で入院していた。手術では、悪くなった弁を人工のものと取り替える。

手術まで、あと二時間。手術室では、すでに準備が始まっていた。一人離れた場所で待つ大崎は、落ち着かない。ここにたどり着くまで、八年かかった。修業の日々が長かっただけに、大崎には特別な思いがあった。

午後三時、大崎の手にメスが渡された。胸を開け、大動脈を剝離、血管にチューブを挿入し、人工心肺につなぐ。手術開始から三〇分、黙々と処置を続ける大崎が、弁の切除に入ろうとした、そのとき。

「要らんことをしない」

それまで黙っていた佐野が、口を開いた。大崎が切除の角度を誤りそうになったのだ。大量の汗が、大崎の額から噴き出してきた。それでも佐野は、大崎を降ろさなかった。頭の中は真っ白のはず。それでもやりきれば、きっと大きなものをつかむ。佐野はそう信じていた。

手術開始から九〇分、人工弁の取り付けが始まった。糸のかけ方を少しでも間違えれば、心臓の組織を傷つけてしまう。大崎が作業しやすいように、患部に手を添えサポートする佐野。ここで一言、声をかけた。

「正確に。全然急ぐ必要はない」

「難しいです」

「急ぐのは、気持ちが急いでいる」

そして開始から二時間半、人工弁は無事に装着された。大崎は最後までやり遂げた。

「勉強になりました、先生。ありがとうございました」

この日、大崎は一晩、患者のそばに付き添った。一人の心臓外科医が、自分の足で歩きはじめた。

プロフェッショナルとは

佐野俊二への最後の質問

プロフェッショナルに必要なのは、自分の仕事に対する誇りと責任です。まず、誇りを持たないといけない。そして、誇りだけで責任がとれない人はダメです。それをしようと思えば、やっぱり努力しないといけない。失敗の責任は自分でとらないといけないし、それが嫌なら努力して、責任をとらなくてもいいような状況にしなければいけません。

本当の意味でのプロになるためには、自分の仕事に時間を割いて、ほかのことを犠牲にする必要があると思うんです。みんな、持っている時間はいっしょなわけですから。そこまでして集中しないと、その道でのエキスパートにはなれない。たとえどんなに才能があったとしても、時間をかけずに上り詰めた人はおそらくいないでしょう。自分で才能がないと思うのなら、もっともっと時間をかけないと。

どの分野であれ、本当のプロと呼ばれる人は、社会に与える影響も強いものです。その自覚がないといけないし、だからこそ努力もしなければなりません。ただし、自分は努力をしていますと言っている間はプロじゃないと思う。何も言わなくても、見た人がすごいと思ってくれるのが本当のプロでしょう。努力は、人のためではなく自分のためにするもの。結果的に、プロになった自分が社会のために貢献できれば、それが一番素晴らしいことだと思うんです。

「誇りと責任です。誇りを持たないといけない。誇りだけで責任がとれない人はダメです。それをしようと思えば、やっぱり努力しないといけない」

——佐野俊二

クオリア
コラム

その〝芸術〟は人を救う

茂木健一郎

佐野さんのお話で、最も衝撃的で、深く印象に残っているのは、ミリ単位の太さしかない血管を手術する時にどうするかという話だった。じっと立ったまま見つめ、「メスを入れるべき場所が光って見える」まで待つというのである。見えてしまえば、後はすっとメスを下ろすだけ。〇・一ミリでもずれれば最良の結果が得られない緊迫した場面で、最後に頼りになるのは人間の感覚であるという事実に接し、大変示唆に富んだ話だと思った。

伝統工芸の匠《たくみ》や、前衛的な芸術家にこそふさわしいかと思われるような言葉を、合理的思考と科学技術に支えられているはずの小児心臓外科医が漏らす。佐野さんが取り組まれているのは、まさに一つの芸術表現でもあるのだ、と瞠目《どうもく》した。

しかも、この芸術は人を救う。自分の感覚を磨き、「超」の世界に没入することで、一つの大切な命を永らえさせることができる。大変なプレッシャーのある現場であることは間違いないが、その一方でこれほどやりがいのある仕事も数少ないのではないかと思った。

佐野さんのお話を伺っていて、改めて確認したことがある。それは、人間の知性を「人工知能」で置き換えることは、まだまだ当分無理だろうということである。コンピュータ上のプログラムとして実現する人工知能には、感覚や、直観といった働きが欠けている。意識の中で感じられる様々なクオリア（質感）もないし、「この選択が適切なのではないか」といった判断をすることもできない。コンピュータの中の計算が物理的な動きへと翻訳されるロボット技術も、現状ではクオリアや直観を実装することはできない。

佐野さんが、「メスを下ろすべき場所が光って見える」と言われるのを聞いていて、熟練した外科医の高度な手術技法をロボットで置き換えることは当分、不可能なのだろうと直覚した。佐野さんのように経験を積んだ外科医は、脳の中にリアルタイムで入る様々な情報を感覚の中に統合した上で、大脳皮質のみならず、感情の中枢である大脳辺縁系などを駆使して、的確な判断を下す。そのプロセスは、未解決の難問を解こうとしている数学者の脳の働きと同じように高度であり、とても、現状の人工知能技術、ないしはロボット・テクノロジーで置き換えられるようなものではないのである。

命を救うために必死になって努力する過程で、脳の潜在能力が最大限に発揮される。そこに立ち現れているのは、この上なく美しい人間の魂の風景であるように思った。

感動が、人生を決める。小学生の頃、学校の成績が良かった私は、先生に「茂木くんは将来医学部だね」などと言われた。しかし、私は物理学者アルベルト・アインシュタインの「相対性理論」に感銘を受けていて、将来は科学者だと決めていた。もし、子どもの頃に佐野さんのような素晴らしいお医者さんと巡り合っていたら、将来は医者になろうと思ったかもしれない。

熟練した心臓外科医を育てるのは、大変な難事である。番組の中でも、そのプロセスがリアルに描かれていた。佐野さんが見事なメスさばきで手術をし、人の命を救う有り様を目撃した人は、心を動かされ、そのうちの何人かは医学を志すだろう。佐野さんが心を込めてお仕事に取り組まれている姿そのものこそが、次世代の心臓外科医を養成する心強い原動力なのだと思った。

プロフェッショナル　仕事の流儀　File No.003

あたり前が一番むずかしい

パティシエ　杉《すぎ》野《の》英《ひで》実《み》

「今の世の中、次から次へと仕事を変えてステップアップしようという人が多い中で、お菓子をつくるという一つの仕事に一生打ち込むという、職人の心意気、仕事の流儀を見てみたい」——茂木健一郎

人を幸せにする菓子をめざして

杉野英実の仕事

　その男の菓子は、本場フランスで「ほかのどこにもない菓子」と呼ばれる。

　パティシエ・杉野英実。一五年前、日本人として初めて、世界の菓子職人の頂点に立った。それまで誰も見たことのない、まるで漆器のようなチョコレートのつや。何層にも折り重なった多彩な味わいのハーモニー。舌の上でとろけて消えていくような食感。彼の菓子はすべてが新しかった。

　望めば、その実力で、世界の脚光を浴びつづけることもできた。数多くの店のプロデュースを手がけることもできた。

　だが、杉野は栄光に背を向けた。構えたのは、路地裏の小さな店。支店も出さず、デパートからの出店依頼も断り、狭い厨房で自分との果てなき闘いを始めた。

　めざす菓子は、ただおいしいだけではない、人を幸せにする菓子。そのためには、一つの妥協も許さない。朝から晩まで、ひたすら菓子づくりに没頭する毎日。

　店の二階にある厨房には、今日もまた杉野の大声が響く。

「ほかのどこにもない菓子」と呼ばれる杉野英実の〝作品〟たち。

杉野英実の経歴

1953　三重県に生まれる
1973　高校卒業後、『ホテルオークラ』菓子製造部門に勤務
1979　修業のためフランスへ
1982　ルシアン・ペルティエに弟子入り
帰国後、名古屋『パティスリー・ポン・デザール』シェフに就任
1986　東京・代官山『ピエール・ドオル』のシェフに就任
1991　洋菓子の世界大会「クープ・デュ・モンド・ド・ラ・パティスリー」に日本チームのリーダーとして出場し、優勝
1992　神戸・北野に『パチシエ　イデミスギノ』をオープン
2000　一流洋菓子店オーナーシェフが集う『ルレ・デセール』に東洋人初の入会
2002　東京・京橋に店を移転。『イデミ・スギノ』としてオープン

Scene01

杉野英実の「仕事の現場」
妥協を捨てて至高の作品をつくり出す

東京・京橋。大通りから一筋入った通り沿いの杉野の店。店の二階にある厨房が杉野の仕事場だ。

東京・京橋。大通りから一筋入った通り沿いに、杉野の店『イデミ・スギノ』がある。朝八時半、杉野の一日が始まる。一階の店には寄らず、真っ先に二階の厨房へと上がる。

「おはようございます」

すでに四人の若い弟子が作業を始めていた。一人ひとりの腕を握り、今日もよろしくと声をかける。ここで毎日、三〇〇個の生菓子と一〇〇〇個の焼き菓子が生み出される。

杉野には、朝一番に決まって行う作業がある。世界大会（「クープ・デュ・モンド・ド・ラ・パティスリー」。以下「クープ・デュ・モンド」と記す）を制した菓子「アンブロワジー」の仕上げ。凍らせたムースにチョコレートをかける。その一瞬に、杉野の仕事の流儀が凝縮されている。

「細部にこそ、神は宿る」

杉野がこだわるのはチョコレートのつや。そのためにココアを煮詰め、ゼラチンを加え、冷ましていく。少しでも冷ましすぎると塊が出来る。熱いままだとつやは生まれない。最高の状態は一瞬。杉野はチョコレートの粘り気だけで、かけるタイミングを判断する。

一気に流し込むと、漆のような輝きが生まれた。

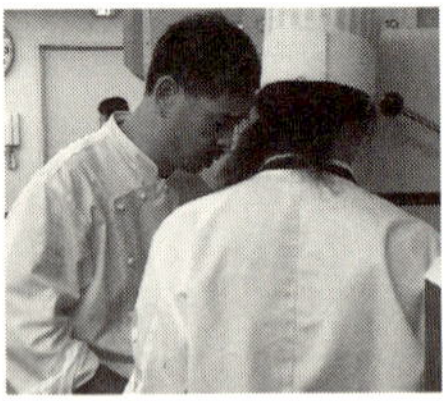

店は午前一〇時に開店。そのころ厨房では明日の仕込みが始まっており、杉野の大声が響き渡る。

「この一瞬を逃すと、もう商品に、作品にならない。綱渡りみたいな仕事ばかりしているんですが、その中に本当のおいしさがあるんですよ」

午前一〇時の開店に向け、厨房は慌ただしさを増してきた。飾りつけを始めたのは若い弟子たち。客を惹きつける飾りつけは、多くの店ではシェフが行う。だが、杉野の流儀は一八〇度違う。

杉野が始めたのは翌日の仕込み。地味な作業だが、味に直接関わる仕事は絶対に人任せにしない。この日は赤スグリのムース。急に作業を止め、氷水に手を突っ込んだ。絞るとき手の体温が少しでも伝わると、赤スグリの果汁がムースから溶け出してしまう。細かなことを諦めるか、諦めないか――。細部にこそ、神は宿る。

午前一〇時。一階の店に、完成した菓子が運び込まれた。杉野の菓子はただ甘いだけではない。フルーツの酸味、チョコレートの苦味、スパイスの刺激……。異なる味が響き合う。

生菓子はその場で食べてほしいと、店の奥にティールームもつくった。この日は、有名な菓子店から外国人のパティシエもやって来た。

「杉野さんのお菓子は特別です。とても繊細で食欲をそそられます」

「人を幸せにする菓子」

杉野がめざす菓子。それは、単においしいだけの菓子ではない。ただおいしいだけ

閉店後も、二階の厨房では、杉野によって明日の仕込みが続く。

の菓子と、人を幸せにする菓子。その違いは何から生まれるのか。

「なんで！　〝五分立て〟って言えばわかるだろう！」

厨房の杉野は、一日中、怒鳴っている。

「これじゃダメだよ。こんなんじゃ、焼けてるわけない」

マドレーヌの焼き具合に不安を感じた弟子がオーブンを早めに開けてしまったのだ。

「トータル的に同じ時間焼いてても、一〇分後に一度開けるのと一二分後まで開けないのとは違うんだよ。ダメだ。自分で捨てろ」

この日、杉野が最もこだわったのは、ジャムに入れる隠し味のショウガ。

「切り方が粗い。自分で食べてごらん。これだけの厚さで。どう感じる？」

素材の微妙な厚みの差で、味のバランスが崩れる。杉野が切り直したショウガの厚みは二ミリ。弟子が用意したものは三ミリだった。

「ほんのちょっとしたことなんですけど、一番おいしい味というか、一番いいところがブレてしまうと、ゼロです」

ショウガを二ミリに切りそろえることも、焼き時間を正確に守ることも、おいしい菓子をつくるためには、当たり前のこと。

「当たり前のことが一番難しい」

三〇年、菓子づくりだけに打ち込んできた杉野が、大切にしている言葉である。

杉野英実の「道具」

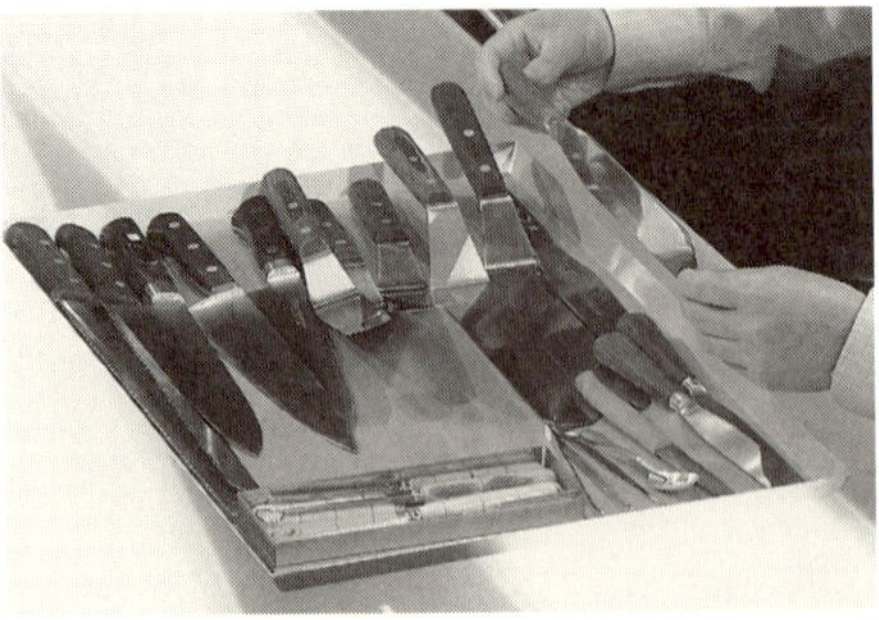

パレット

道具を超えて体の一部に

これはパレットといいまして、小さなものや大きなもの、ちょっと曲がっているものなど、いろいろな種類があります。一見同じに見えるものもありますが、じつは少しずつ微妙に違います。具体的には、硬さですね。チョコレートなどを薄く伸ばしたりするときは硬めのパレットを、ムースなどの軟らかいものを塗るときは軟らかいパレットを使います。あとは、日本でいう牛刀。これは、冷凍のピューレやチョコレートなど、硬いものを切るときに使います。そのほかに、ケーキを切る包丁、パイやスポンジを切る波目の包丁があります。切るものによって、長さが違うものもあります。細かい作業に使うピンセットは、じつは歯科用のものです。

名前が一応書いてありますが、自分の道具は握った瞬間にわかりますね。手の延長のような感じがするんです。たとえよく似ていても、他人のものだと、不思議なことに触れただけで自分のものでないとわかります。

杉野英実の「仕事」

チョコレート菓子「アンブロワジー」

世界の頂点を極めた逸品

このお菓子はアンブロワジーといって、フランス語で「神々が食するもの」という意味です。グランプリを受賞した一九九一（平成三）年の「クープ・デュ・モンド」で、チョコレートを使ったお菓子が課題になったときにつくりました。

表面のチョコレートは、輪島塗の黒を表現したくて試行錯誤を重ねました。シロップを加えて溶かすときに、温度が高すぎるとつやがなくなるので、その加減が非常に難しい。外側のチョコレートは、天使の翼をイメージしました。

中身は、チョコレートのムース、ピスタチオのムース、ピスタチオのスポンジ、キイチゴのジャム、チョコレートのムース、チョコレートのスポンジ。スポンジには、キイチゴのブランデーを染み込ませています。大人の方が楽しむお菓子です。

まず中心部分を仕込み、翌日に、チョコレートのスポンジとムースをつくります。また一日おいて仕上げのチョコレートをかける。三日目に完成するんです。

茂木健一郎の

視点

店の二階に厨房？

杉野さんの厨房は、お店の二階にある。このちょっと変わった形態には、ちゃんと理由があるという。杉野さんがお弟子さんを怒るということが、どうやら関係しているらしいのだが……。

杉野　厨房を二階にというのは、妻からのたっての願いだったんです。僕は、かなり大きな声を出して怒るんですよ。お客さんは、お菓子を食べるのを本当に楽しみに来てくださっているのに、奥からシェフの怒鳴り声が聞こえてきたら、それは嫌でしょう。厨房を地下にしてほしいとも言われたのですが、地下だと息苦しいので、外の見える二階のほうがいいのではないかと思いまして。

僕が怒るのは、弟子が憎いとか、そういうことではまったくないんです。やはり、いい仕事をしたい、来てくださるお客さんによい状態のものを出したいという一心ですね。弟子たちのことを僕は愛していますし、いつか自分のようなお菓子をつくってもらいたいと思っているので、どうしても力が入りすぎ、大きな声を出してしまうんですね。僕がなぜ怒るのかということは、彼らもよく理解してくれていますよ。お客

「いい仕事をしたい、よい状態のものを出したい。その一心から、つい大きな声で怒ってしまうんです」——杉野

さんに喜んでいただけるお菓子をつくりたいという気持ちを持った子ばかりですから。お菓子に使う食材はすべて神様から与えられたものであって、僕たちがちゃんと料理することで、それらはよい状態でお客さんの手元に届くわけですよね。でも、自分たちが不注意なことをしたら、それはもう出せない。ゴミとして出すというのは、僕にとっては本当につらいことなんです。

自分の中に、「これくらいならいいかな」という気持ちと、「絶対にダメだ」という気持ちがあって、その絶対にダメなほうが強いんですね。陶芸家の方が、自分の作品を気に入らなくて割ったりしますよね。あの気持ちは、すごくよくわかります。ほんの少し、数秒違っただけでも、本当にベストな状態にはできない。ですから、綱渡りをしているようなもので、常に気を抜けないんです。

茂木健一郎の

視 点

なぜ一つの店にこだわるのか

杉野さんぐらい有名になると、プロデューサー的な仕事に移行する人が、シェフの世界でも多いように思う。杉野さんがその道を歩まずに、一つの店にこだわっている理由はどこにあるのだろうか。

杉野　まず、基本的に僕は自分でお菓子をつくることが好きだということ。そして、自分の手を離れたときに、それはもう自分のものではなくなってしまうということですね。だから、プロデュースとか、ほかに店を出すとか、そういうことができないんです。これは性格的なものだと思います。

もちろん、できるだけたくさんの人に食べてもらいたいという気持ちもあります。自分と同じくらい仕事ができる人がある程度いれば、それは可能だと思うんですけれどね。弟子を信用していないというわけではなくて、ある程度のところまでは任せられるのですが、それ以上のところは、やはり自分にしかできない。だから、大量につくるとか、お店をいっぱい出すということは、今のクオリティを守っていこうと思えば難しいですね。

「多店舗にするよりも、これまでに築いてきたお客さんからの信用を維持していくことが大事です」――杉野

特に東京に店を開いてからは、甘い誘惑はいっぱいきます。その中で自分らしさを持ちつづけていくのは、非常に難しい。ただ、神戸で一〇年、そして東京で三年、この一三年間ずっとスタンスを変えずにやってきたので、このままいきたいと思っています。

店を大きくしたり、多店舗にするのは、ある意味では簡単なことだと思うんです。しかし、この一三年間で築いてきたお客さんからの信用を維持していくこと、そして自分が死んだあとも人々の記憶に残るようなお菓子をつくることは、非常に難しいと思うんですね。だから僕は、そちらを選んでいるんです。自分のお菓子をすごく好きになってくれて、そして買いに来てくださる方のために、やっぱり僕はつくりたい。

僕も人間ですから、楽な方向に行きたいと思ったこともあります。ただ、自分にとってはお菓子をつくることが生きがいで、それ以外のことは苦手なので、今までと同じようにお菓子づくりを一生懸命にやっていきたいと思っています。

茂木健一郎の

視点

なぜ当たり前のことが大切なのか

「当たり前のことが一番難しい」と杉野さんは言う。地道な積み重ねの大切さは科学においても同じで、これには非常に共感できる。お菓子づくりにおける「当たり前のこと」とは、いったいどのようなものなのか。

杉野　例えば、イチゴのタルトがありますね。僕の店では、イチゴをキイチゴの果汁でコーティングしていますが、仮にそれを一五個つくるだけの材料が足りず、一二個分ぐらいしかないとしましょう。その一二個分で一五個をつくってしまったら、それだけ完成度が低くなるわけです。でも、それがわかっていながら、オープンの時間が迫っているからとそのまま出してしまえば、お客さんは本当においしいお菓子を食べることができません。僕はそういうことが許せないんです。

あらゆる職業にいえることだと思うのですが、職人が楽をしようと思うと、ろくな結果にならないんです。当たり前のことをきっちり守っていけば、そのお菓子の本当の味が出せるのに、つくり手が少し気を抜いただけで、本来の味とはまったく違ったものになってしまいます。

「当たり前のことができたら、本当においしいものがつくれるんです」――杉野

もう一つ例を挙げると、キャラメルのタルトというお菓子では、中にローストしたクルミとナッツ類、ハシバミの実、ピスタチオ、酸味のあるドライのアンズやチェリーが入っています。それらがなるべく均等の量になるようにしないと、酸味が強くなってしまったりして、全体のバランスが崩れてしまうんです。その点をよく考えずに作業する人が多いことに気づいてからは、自分以外にはやらせていません。

僕だって、どうしようかなと思うことはいっぱいありますよ。でも、そこで踏みとどまれるかどうかです。当たり前のことができたら、本当においしいものがつくれるんですよ。そして、自分で一〇〇点をつけられるお菓子が出来たときは、鳥肌が立つくらいに感動するんですね。その喜びのために、また続ける、という感じです。

Scene02

杉野英実の「ターニングポイント」

女友だちの一言

母親に女手一つで育てられた杉野。母は、食べ物にかけるお金だけは惜しまない人だった。そして中学二年の誕生日、一流ホテルのケーキを買ってきてくれた。濃厚なクリームの甘み。砂糖でつくった華麗なデコレーション。まるで夢の世界からの贈り物のように思えた。この瞬間、杉野は菓子職人になりたいと思った。

高校卒業後、『ホテルオークラ』の菓子製造部門に就職。一流ホテルで働くのが誇らしく、いつも友人に自慢した。しかし、ある日、女友だちが言った。

「あなたたには、何ができるの？」

杉野は答えられなかった。見習いの一年間、アイスクリームを練るだけ。一人でケーキもつくれなかった。

「悔しいんじゃなくて、恥ずかしかったですよね。そのとき、やっぱり自分をもっと高めていくことをしなければダメだと思いました」

どうすれば自分を高めることができるか。めざしたのは菓子の本場、フランスでの

『ホテルオークラ』の菓子製造部門に就職し有頂天だった杉野。しかし、女友だちの一言によって、何もできない自分に気づいた。

修業。パリの地図を自分の部屋の天井に張り、そこで働く姿を思い描いた。

アルバイトでお金を貯め、二五歳でフランスに飛んだ。やっと見つけた修業先は、パリから遠く離れた地方都市の、名もないホテル。それでも、本場で学べると杉野は胸を躍らせた。

だが、店に入って驚いた。そこには、パティシエなどいなかった。出来合いのレシピを渡され、そのとおりにつくれと言われた。オーナーが求めていたのは、外国人の安い労働力だったのである。菓子づくりを学ぶどころか、雑用ばかり押しつけられた。

転機が訪れたのは、休みの日に出かけたパリでのこと。ある店の菓子の虜《とりこ》になった。見た目の美しさもさることながら、一口食べれば驚くほど深い味わい。つくっていたのは、新進気鋭の菓子職人、ルシアン・ペルティィエ。店に飛び込み、働かせてほしいと願い出た。しかし、腕も実績もない若者など相手にしてくれるはずもなかった。食い下がる杉野に、ペルティィエは業を煮やし言った。

「お前は嫌いだ」

「なんて鋭い目をしているんだろうと思いましたね。『俺はお前が嫌いだ』と言われたときに、そこまで言われたらしかたないかなと普通、思うじゃないですか。でも、僕は、彼の菓子を覚えたかったし、すごく魅力がありましたよね」

杉野は諦めきれなかった。修業先を転々としながら、手紙を書きつづけた。

新進気鋭の菓子職人、ルシアン・ペルティエの店（当時）。
ペルティエの菓子の虜になった杉野は、弟子入りを志願するが、断られつづけた。諦めずに三年とちょっと粘った末、ついに受け入れられた。

「あなたの店で働かせてください」

一方通行のラブレターが四年目に入ったある日のことだった。杉野のもとに、連絡が入った。ペルティィエが受け入れてくれた。菓子づくりの奥義を学べると、杉野は勇んで店に飛び込んだ。しかし、その目論見《もくろみ》は外れた。

ペルティィエの店では、特別な食材は使っていなかった。レシピも、料理学校のものとまったく同じだった。なのに、なぜ、あの菓子が生まれるのか――。

しばらく経って気がついた。

飾りつけのベリーは普通のもの。しかし、少しでも傷んでいればすべて取り除いていた。菓子を漬け込むお酒も、一滴たりとも残さず染み込ませていた。ある日、若い職人が、菓子をほんの少しだけ、焼きすぎた。ペルティィエは声を上げた。

「これは、お客に出せない」

その職人は店から追い出された。完璧を求めるペルティィエの厳しさを、杉野は知る。どの作業も、おいしい菓子をつくるためには、当たり前のこと。しかし、そのすべてを完璧に行っている店は、ここが初めてだった。

杉野は思った。


「当たり前を積み重ねると特別になる」

どん底の修業を経て、パティシエとして最も大事なことにたどり着いた。

茂木健一郎の

視点

「あなたには、何ができるの?」

ずっと憧れていたホテルで働く杉野さんの転機となった、友人の一言。傷つくか、あるいは気に留めないのが普通だと思うが、杉野さんはなぜ正面から受け止め、前へと進むエネルギーに転化できたのだろうか。

杉野　『ホテルオークラ』に就職できたときは、本当にうれしかったんですよ。何しろ中学のころから憧れていたわけですから。そしていつかは本場のフランスに行って勉強したいと、語学学校にも通ったんです。そこで同じクラスの友人に、いつもオークラの自慢をしていたんですよ。そこであるときに言われてしまったんですね。「杉野君、オークラは立派なホテルだけれど、あなたには何ができるの?」って。

おそらく受け止め方はいろいろで、「何を言っているんだ」で終わりにしてしまう人もいるのかもしれませんが、僕はすごく恥ずかしい気持ちになったんですね。当時、まだ二〇歳ぐらいでしたから、何もできないんです。毎日毎日、ずっと卵を割りつづけたり、アイスクリームをかきまわしたり、同じことの繰り返しでしたから。

確かに、どの会社で働いているかということは、社会的に見て自分の価値を判断し

「言われたときはショックでしたが、あの言葉がなければ今の自分はないと思っています」――杉野

てもらうための材料にはなりますよね。でも、その会社がどれだけ素晴らしいとしても、自分はそれに負けないほどの価値のある人間なのだろうかと、僕はそのときに思ったんです。そうでないならば、自分をもっと高めていかなければいけない。どんな場所で自分の店を出したとしても、わざわざ足を運んでくれるような価値のあるお菓子をつくれる職人になろう。そうはっきり思うようになったのが、あのときだったんです。

だから、あの一言を言ってくれたクラスメートの女の子には感謝していますよ。言われたときにはショックでしたが、あの言葉がなければ今の自分はないと思っていますからね。何気ない一言が人を傷つけることもありますが、あのときの言葉は僕に頑張らなければいけないと思わせてくれたんです。会う機会があるなら、彼女にはぜひ「ありがとう」と言いたいですね。

茂木健一郎の

視点

レストランの厨房で学んだこと

本場のお菓子づくりを学ぼうとフランスに渡りながら、思うような職場で働けず、雑用に追われてばかり。そのようなつらい日々を、杉野さんはどのように過ごしていたのだろうか。

杉野　フランスに行って、最初に働いたのはホテルでした。着いたその日のお昼から、もう仕事。オーダーが、もちろんフランス語でばんばん入ってきて、全然わかりませんでしたね。正直、これでやっていけるのかと不安になったものです。でも、そこのスタッフがみんな優しくて……。お菓子の修業をするという当ては外れたわけですが、でもそこで学んだこともあるんです。スイスのホテルに移ったときも、お菓子だけでなく、肉をさばいたり、サラダやドレッシングをつくったり、もろもろの仕事がまわってきました。そのことがすごくよかったんですよ。

お菓子屋さんというのはものすごく分量主義で、それをとても大切にしているわけですが、対して料理人はアドリブがよく利きます。「今日はこんな材料しか入らなかったの？　じゃあ、これで何とかしてみよう」「この材料だったら、こういうふうに調理したほうがいいんじゃないか」と考え、行動するんです。言ってみれば、「素材と対話できる人」が多い。そういった職場で働いたことが、今の僕のお菓子をつくってくれているんですね。僕のお菓子は、「お菓子屋さんがつくるお菓子とはちょっと違うね」とよく言われるのですが、その理由は修業時代にあると思うんです。

具体的には、野菜の下処理などが参考になりましたね。その野菜を使ってお菓子をつくるときに、ああいうふうにすれば色がきれいに出るのか、と参考にさせてもらったりしました。今、いろいろなことが自分にとってプラスになっていることを思うと、無駄なことはないんだなと、つくづく感じます。

「いろいろなことが自分のプラスになっている。無駄なことはないんだなと、つくづく感じます」――杉野

茂木健一郎の

視点

夢を諦めなかったわけ

思うようにいかない修業の中で、杉野さんはパティシエの夢を諦めようとしたことはないのだろうか。もしあったとすれば、そこから立ち直ることができた理由はどこにあったか？

杉野　フランスでの修業中、落ち込みそうになったこと、挫折しそうになったことはありますよ。思うようなところで働けない状態がずっと続きましたから。なかなか一流店で働けなくて、仕事を変えようかと思ったこともありました。でも、そんなときにはいつも母が手紙をくれたんですね。「もうダメだったら帰ってきなさい」という手紙です。それを読むと、逆に帰れない。この仕事に就こうと思ったきっかけをつくってくれたのは母ですし、「フランスに行きなさい。本場で修業しなければ」「よいものを見て勉強しなさい」と言ってくれたのも母です。そんなに応援してくれている人がいるのに、逃げ出すことはできませんから。

子どものころに母が買ってくれたバースデーケーキは、ただきれいだったというだけで、味もよく思い出せないんですよね。何しろ、砂糖でバラがつくれるということ自体が驚きでしたから。とにかく自分の誕生日のために買ってもらえたことがうれしくて、こういう仕事っていいな、人に喜んでもらえるんだなと思ったんです。

お菓子って、記念日や特別な日に贈ったり、食べたりすることの多いものですよね。そういう、人に喜んでもらえる仕事を自分の職業にできたことは、僕にとってもすごく大きな喜びなんです。

「挫折しそうになると、いつも母が手紙をくれたんですね。『帰ってきなさい』と書かれると、逆に帰れない」――杉野

from Mogi

甘いお菓子は、子どものころに最初に好きになるもの。母親がつくってくれたりすることもある。それを突き詰めていくと、杉野さんのアンブロワジーのように、大人が愛でるような芸術品さえ生み出される。母親からの愛情が進化すると芸術にまで行き着くことは、とても興味深い。

茂木健一郎の

視点

〝同じ〟なのに〝違う〟？

科学の世界では、同じ素材と同じ方法で実験をすれば結果も同じになるのが常識だ。しかし、お菓子の世界ではそうはならないようだ。修業中の杉野さんが見た本場フランスの名店のレシピも、ごく普通のものだったという。

杉野　パリの街でペルティエの店を見て、僕はその前に立ちすくんでしまいました。なんてきれいなんだろう、どうすればこんなお菓子がつくれるんだろう、と。ところが、いざ働いてみると、ペルティエの店のレシピはその前に僕が修業していたお菓子屋さんとまったく同じ。どちらもフランスで有名な製菓学校を出た方で、その学校で教わるレシピだったんです。しかし材料の分量は同じでも、ペルティエはまったく違ったお菓子をつくるんです。表現の仕方も違えば、味も違う。それには驚きました。

結局、レシピというのは音楽でいうと楽譜だと思うんです。演奏するピアニストや指揮者の技量や感性によって、表現される音楽は違ってきますよね。お菓子も、それとまったく同じ。例えば技法をほんのわずか変えることでも、味は違ってきます。パティシエは、いわばお菓子づくりの演奏家なのです。

そのことに気づかされてから、自分なりの工夫をするようになりました。はじめのうちはペルティエのところで学んだものをコピーするので精一杯だったんですけれど、少しずつ自分の中で変化が見られてきました。人の真似をしているようではダメだ、自分の表現をしたいと思いはじめたんですね。それからは、「これとこれを混ぜてみたらどんな味になるんだろう」といったように、いろいろな試行錯誤を重ねながらお菓子づくりをするようになったんです。

「レシピというのは音楽でいうと楽譜。パティシエは、お菓子づくりの演奏家なのです」――杉野

from Mogi

毎日同じお菓子づくりをしても全然飽きないという理由が、杉野さんの話からわかった気がする。ピアニストも、同じ曲を毎日毎日、六時間でも八時間でも練習するが、それはそこまでやっても極め尽くせないものがあるから。お菓子づくりも同様で、同じレシピでも全然違うものが出来るわけだから、決して飽きることなどないのだろう。

茂木健一郎の

視点

継続と進化に必要なものとは

中学生のころから憧れていた道に進み、今も毎日、自らの手でお菓子をつくりつづけている杉野さん。一つの仕事をこれだけ長きにわたって続けてこられた秘訣とは何だろう。

杉野　続けるために必要なのは、満足しないこと。自分はすごいと思ってしまっては、絶対にダメです。コンクールに出るのもいいのですが、あれはそのときさえよければ結果が出るもの。しかしお店では、毎日がお客さんとの真っ向勝負ですよね。その毎日毎日つくるお菓子に、自分のすべてを注ぎ込んでいかなければいけない。このことは、弟子たちにも常々言っていますが、僕が修業中に教わったことでもあります。その人は料理人で、「この皿の上に自分のすべてを表現しろ」と、いつも言っていました。その言葉を、僕はずっと思いながらお菓子づくりを続けてきたんです。

『ルレ・デセール』という、フランスのお菓子職人の集まりのメンバーに、東洋人として初めて入ったときも、また一九九一（平成三）年に「クープ・デュ・モンド」のグランプリを受賞したときも、とてもうれしかった。でも、だからどうだということではないんですね。その一瞬は結果を出したかもしれないけれど、それに恥じない仕事をすることのほうが大事なんです。

『ホテルオークラ』での修業時代、五人いた同期の中でも僕が一番、出来の悪い弟子でした。覚えが悪くて、教わったことを何回やってもうまくできない。でも、今になって思うんですよ、器用でなくてよかったんじゃないか、と。簡単にできてしまうと、努力をしなくなってしまうような気がするんです。僕は不器用で、人一倍の努力をしないとやってこれなかった人間だから、今こうしていられるのかなと思うんですね。

「続けるために必要なのは、満足しないこと。毎日、自分のすべてを注ぎ込まなければなりません」――杉野

from Mogi

努力ができる才能というのは、成功するためには一番大切なものなのかもしれない。

ある程度までの技量ならば、ちょっとしたことで身につく可能性があるが、さらにその先をめざすとなると、努力するという才能がなければ難しいのではないか。

茂木健一郎の

視点

神戸への思い

フランスでの修業から一〇年、杉野さんは初めて自分の店を神戸にオープンする。神戸の街を、杉野さんは今でもときどき訪れるという。東京に移った今も抱きつづける神戸への思いとは？

杉野　初めて自分の店を出した神戸には、特別な思いが今もあります。阪神淡路大震災のとき、僕の店はほとんど何も壊れずに済んだのですが、周りを見るととても営業を再開できるような雰囲気ではありませんでした。リュックサックを背負った方々が、使える水道に水をもらいに来ているような状況でしたから。実際、店を開けているところは非常に少なかったんです。でも、街に明かりがともっているというのは、気持ちがほっとするんですね。だから、自分の店も一日でも早く開けたいと思ったんです。ボランティアとか、避難所での手伝いをするよりも、店に明かりをともして、自分の仕事で人に喜んでもらうしかない、と。

結局、震災から二週間後に店を再開しました。まだガスが復旧していなくて、調理はすべて電気。材料もなかなか手に入らなくて大変でしたが、それでもどうにかオー

「神戸は僕の原点。神戸の風景を見ると、また頑張ろうという気持ちになってきますね」――杉野

プンして、ショーケースいっぱいにケーキが並んだときは、本当にうれしかったです。初日に来てくださったお客さんは二人。あのときに言われた言葉は一生忘れません。「この店の中にいると何もなかったように思える」「続けてくださいね」って。

再開してしばらくは、お客さんも少なかったのですが、不思議と不安は感じませんでした。店を再開した喜び、お菓子をつくれる喜び、それだけでしたね。ケーキが余っても、にこにこしていたんですよ。普通なら暗くなるでしょう。でも、近所の人たちにあげれば喜ばれますから。

あの震災の経験を通して、自分はお菓子づくりがこんなに好きだったのかと、あらためて気づかされました。そして、自分にはもっとできることがあるのではないかと、仕事に対して前向きになったのは確かですね。そういう意味で、神戸は僕にとっての原点なんです。今でもときどき訪ねるのですが、神戸の風景を見ると、また頑張ろうという気持ちになってきますね。

茂木健一郎の

視点

なぜ『イデミ・スギノ』なのか

杉野さんのお店には、オーナーシェフである杉野さん自身の名前がフランス語読みでつけられている。お菓子屋さんというと洒落た店名にすることが多い日本で、あえて自分の名を冠した理由は？

杉野　修業中、「どうしてフランスでは、店に自分の名前をつけるんですか」と、ペルティエに尋ねたんです。すると彼は、こう答えました。「医師は病院に自分の名をつけているでしょう。それと同じで、自分のつくったものに責任を持つということなのです」。そのとおりだと思って、僕も自分の店を持ったら名前をつけようと決めたんです。格好いいフランス語にしたほうが本当はいいのかもしれませんけれど、あえてそうはしませんでした。名前をつけるということは、常に自分に厳しくするという決意表明なんです。

別にフランス語の名前にしてもよかったんですよ。「クープ・デュ・モンド」のタイトルを獲っている『アンブロワジー』という店名でもよかった。でも、『イデミ・スギノ』は僕の店なんですよ、つくったものはすべて僕が責任を持ちますよという気

「店名に自分の名前をつけるということは、常に自分に厳しくするという決意表明なんです」――杉野

持ちを、お客さんに伝えたかったんです。これは、師匠であるペルティエから受け継いだ精神だと思っています。

ペルティエは、お菓子づくりに対してとにかく厳しい人でした。素材を大切に使うというのも、彼の教えです。極端な話、アーモンドが一粒落ちていただけでも、ものすごく怒られましたからね。もしかすると宗教的な背景もあるのかもしれませんが、「素材というのは神様から与えられたものだ。だから絶対に無駄にするな」と常々言っていました。例えばアーモンドだったら、虫が食っている部分をナイフで取り除いて使う、とかね。使える部分だけをパウダーにすればいいわけですから。いろいろな工夫ができるんですよね。

うちの店でも、材料を無駄にするなと、相当にうるさく言っています。それはやはり、ペルティエの影響かもしれませんね。

茂木健一郎の

視点

お菓子づくりは天職か

杉野さんの話をうかがっていると、この人はお菓子をつくるために生きているのではないかと思えてくる。そこには何か運命のようなものを感じるのだが、ご自身はどのように思っているのだろうか。

杉野　僕はこの仕事を天職だと思っているんですね。何かに導かれてここまで来たような気がしているんです。九一年の「クープ・デュ・モンド」のときも、僕は予選を勝ち抜いたわけではなくて、推薦してくださった方がいたから出場できた。予選があったら、たぶん出られなかったでしょう。

なぜ受けたかというと、自分がそれまでにやってきたことがどれだけ通用するのかを見てみたかったんです。「クープ・デュ・モンド」は、工芸的なものを競うのではなく、審査で味が重視されるコンクールなんですね。そういった場で、僕がつくるお菓子を世界の審査員が食べたらどう思うのだろうと、チャレンジしてみたわけです。まさかチャンピオンになるなんて思ってもいませんでしたし、そもそも出場のお話をいただかなかったら、自分から進んで出ることはなかったでしょう。そう考えると、

「この仕事は天職。何かに導かれて
ここまで来たような気がしているんです」――杉野

やはり神様が自分に与えてくれた職業なんだと思いますね。

見習いのときには、「お前には向いていない」と何回も言われました。先輩に「辞めろ」と言われたことも一度や二度ではありません。でも、僕は中学生のときに感動を受けて以来、ずっとこの仕事をしたいと心に決めてきたわけですから、絶対に続けようと思いました。そうやって続けてきた結果が今の自分なのだ、という気がします。

茂木健一郎の

視点

発想のヒントはどこからくるのか

「アンブロワジー」をはじめ、独創的なお菓子を次々に生み出す杉野さん。これまでに培ってきた流儀がある。新しい発想のヒントを、どこでどのように得ているのだろうか。

杉野　僕がこの仕事を始めて、かれこれ三三年になります。その間ずっと、いろいろなものを食べ歩いたり、つくってみたりしてきました。そういった様々な味の引き出しが、頭の中にあるわけです。何か新しいものをつくってみようと思ったときには、この引き出しとあの引き出しの中から、これとこれを組み合わせてみたら面白いのではないかというふうに、私は考えるんですね。

新しいアイデアが生まれるのは、たいてい厨房です。僕はあまり画も描かないし、作業をしながら考えることが多いですね。不器用なので、アイデアがまとまるまでに時間がかかるんです。しかも、失敗もするわけですよ。失敗したときには、ここをこうすればまた違うお菓子になるんじゃないかと、また考えるんです。やっぱり現場が一番。きれいな白衣を着て背の高い帽子をかぶって、シェフルームで考え事をするなどというのは、僕には似つかわしくないというか、できませんね。
失敗も、しょっちゅうしていますよ。ただ、そこで諦めないんですね。どうすれば
うまくいくだろうかと、いつも考えています。

「新しいものをつくってみようと思ったときには、頭の引き出しの中にあるものを組み合わせてみます」──杉野

from Mogi

杉野さんの発想法は、最新の脳科学理論に合ったものといえる。新しいものを生み出すために記憶をいろいろ組み合わせること、それが創造性だとされているのである。したがって、「歳をとると創造性がなくなる」というのは嘘。脳の中に十分なアーカイブ（書庫）があるのだから、あとはやる気の問題だけだろう。経験とやる気、これがそろったときに素晴らしいものが誕生する素地が出来上がるということだ。

Scene03

杉野英実の「今」

常に原点に立ち返る

一一月に入り、街にクリスマスの明かりがともりはじめた。パティシエにとって、一年で最も忙しい季節。杉野は、この明かりを見ると頭が痛くなる。

「職人は進化しなければならない」

杉野は毎年、クリスマスに新作のケーキをつくることを自らに課している。しかし、今回はアイデアが出ない。

「新しいものをつくるというのは、言葉で言うと非常に簡単なんです。でも、人が食べたことがないもので、感動を与えられるようなものというのは、非常に難しいですよね」

厨房の杉野はいらだっていた。いつにも増して、弟子たちを怒鳴りつける。それにはある理由があった。

一一月最後の店の休みに、杉野は妻とともに東京を離れた。訪ねたのは、大阪・阿《あ》倍《べ》野《の》。ここには、古くからのなじみの整体師がいる。杉野は、年に三～四回、定期的

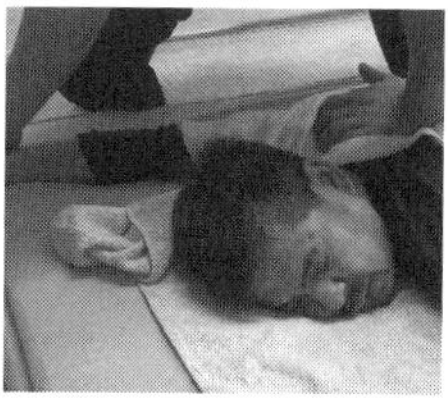

二年前から患っている腱鞘炎のために、大阪・阿倍野のなじみの整体師のもとを訪れる杉野。ここへは年に三〜四回定期的に訪れる。

にここを訪れている。二年前から患っている腱鞘炎《けんしょうえん》のせいだ。疲れがたまると手首がしびれ、物が一切、持てなくなる。年を追うごとに、体の自由がきかなくなっていた。

「不安はありますよね、やっぱり。体の衰えというものは、これから真剣に考えていかなければいけない。いつまでもはできないでしょうね」

五二歳の杉野。いつまで厨房に立ちつづけられるか――。それは杉野自身にもわからない。

関西から帰って数日後。クリスマスケーキの構想が固まった。栗と洋ナシを使ったムース。師・ペルティエが得意とした組み合わせだ。そこに、何かを加え、新しいケーキを生み出す。

杉野が選んだのは、ルバーブ。フランス料理に使われるタデ科の植物の一種。それを塊でムースの中に散らす。ルバーブの強い酸味を、栗と洋ナシにぶつければ、新しい味が生まれると杉野は考えた。

「これ自体がすごく酸っぱいんです。まったりとした栗と、まったりとした洋ナシなので、これをアクセントにしようかな、と」

スタッフを厨房に集め、試食会となった。この年のクリスマスケーキはどういう味か。みなの期待も高まる。

「みんな、これ食べて。それで、意見を言って」

ルバーブを、クリスマスケーキの素材の一つに選んだ杉野。しかし、スタッフとの試食会で、その表情が曇った。

一口食べた杉野。その表情が曇った。

「ルバーブ、要らないね」

ルバーブの塊が邪魔になり、口当たりが悪い。新しさを求めるあまり、客にとっての心地よさという、当たり前のことを見逃していた。

「『あたり前』を貫けるか」

「つくり手としてはね、買っていただく方に最終的に喜んでもらえないならしかたない。今、食べてみて思いましたね、ちょっと無理だね」

だが、この失敗のあと、突然、アイデアが降りてきた。

「あっ、洋ナシに黒コショウを入れるといいかな。これ、いけるかも」

コショウならば、口当たりの邪魔にならない。しかし、それだけで新しい味が生まれるだろうか。

「やってみないとわからない。どういう味に仕上がるか」

結局、この日は結論が出なかった。

一二月に入り、店にはクリスマスケーキの予約が続々と入りはじめた。その数、三〇〇個以上。どんなケーキになるのか、何も示されなくても、客は杉野に期待する。

「幸せな気持ちにさせていただけるので」

「やはり、いただかないと年を越せない気がします」

しかし、街にジングルベルが流れ、年末の慌ただしさが日々増してきても、クリスマスケーキの準備は遅々として進まなかった。杉野は、眠れない日が続いていた。疲労がたまると、腱鞘炎の痛みが増してくる。朝起きると、指先までパンパンに腫れ上がっていた。しかし、杉野は休めないし、休む気もない。自分でマッサージをして、店に向かった。

「答えは、現場にある」

発想が行き詰まったとき、杉野はいつも日々の仕事に没頭する。生地を練り、ムースを絞る。当たり前の仕事を当たり前に繰り返し、今、何が一番大切なのか、見つめ直す。答えは、現場にある。

一二月一一日。クリスマスまで二週間となったこの日、杉野は二度目の試作づくりに動き出した。

まず、先日思いついた黒コショウを洋ナシのゼリーに加えた。それを、凍らせたムースの上に流し込んだ。問題は、このあと――。

取り出したのは、一度は諦めたルバーブだった。現場に没頭した数日間、ルバーブには酸味に加え爽やかな香りがあることに、あらためて気づいた。

問題は口当たり。その手立てとして、杉野はルバーブに砂糖を加え、ひたすら煮こんだ。ジャム状にすることで、酸味と香りを生かしつつ、舌ざわりを変える。

二〇〇五年、杉野がつくり上げた、渾身のクリスマスケーキ。

ケーキに型紙を載せ、上から煮込んだルバーブを塗った。そしてその上には、ラム酒に漬けた栗と赤ワインで煮た洋ナシ。

すぐにスタッフを集め、試食会に移った。

「おいしい。すごく爽やか」

「味も強くなった」

杉野の目論見が当たった。

「前に試作したときのルバーブ。あれはいけなかったですねえ。今度のは、あれを表面に持ってきた。この、煮込んだやつがすごくおいしかったんです。酸味と香りが最高で。これでいけるんじゃないかと」

また一つ進化した、杉野英実渾身のクリスマスケーキの完成である。

二〇〇五（平成一七）年、クリスマスイブ。杉野の店にケーキが並んだ。

「きゃー、すごい」

「早く食べたいね」

幸せそうな笑顔があふれた。

そのころ、店の二階では、いつものように、翌日の仕込みが始まっていた。肩の荷が下りた杉野。いつになく表情がやわらかい。

次の一年に向け、また、当たり前のことをやりつづける。

プロフェッショナルとは

杉野英実への最後の質問

プロフェッショナルとは、やはり一つの道というか、自分の職業をひたすら極めていく人ではないかと思います。そこがプロとアマの違い。

そして僕の場合、お客さんからお金をいただいてお菓子をつくっているわけですから、そのお客さんに喜んでいただけるような仕事をしていくということですね。その点が、自分の趣味や、家族に食べてもらうためにつくるアマチュアとの違いでしょう。

僕自身、誕生日に買ってもらったお菓子を食べて、とにかく驚いたんですよ。あのときに自分が感じた驚きや喜び、そして幸せを、僕のお客さんにも同じように感じてもらえるようになりたくて、ずっと続けてきたんですね。

それから、僕がいつも思っているのは、生涯現役でいたいということ。自分のお菓子には終わりがなくて、永遠の未完成でいたいと思っているんですよ。

だから、今日よりも明日、明日よりもまたその次の日、もっとおいしいお菓子が出来るように。諦めないで自分を高めていきたいなという、それがプロなんですかね、やっぱり。

「永遠の未完成でいたいと思っているんですよ。だから、今日よりも明日、明日よりもまたその次の日、もっとおいしいお菓子が出来るように。諦めないで自分を高めていきたいなという、それがプロなんですかね」

——杉野英実

クオリア
コラム

積み重ねの先にある〝ご褒美〟

茂木健一郎

杉野さんに伺ったことで、何と言っても印象に残っているのは、やはり、「レシピ」は音楽で言えば楽譜のようなもので、演奏する人によって違う味わいになる、という言葉である。

なるほど、と思うとともに、杉野さんが毎日厨房に立ちながら、何を追い求めているのか、その片鱗をうかがい知ることができたように思った。

どんな職業でも、その中に没入してみないと見えてこないものがある。人から褒められたり、経済的に成功したり、賞をもらったり。仕事が人生にもたらす喜びは色々あるが、何よりの「ご褒美」は、その仕事に就かなければ見えなかった世界が自分の前に開けてくることである。

そこには、言葉ではなかなか伝わらない美意識があり、細々としたことから大きなことまで様々な課題があり、一生心を砕いて精励しても決して登り切ることのできない山がある。その仕事に就かなければわからないような奥行きのある世界との出会いこそが、全ての働く者にとっての何よりの報酬ではないだろうか。

私の身近にある職業で言えば、「編集者」という仕事の奥深さにはっと気付かされたのは、つい最近のことだった。本を書くようになってから一〇年。様々な編集者と仕事をしてきたが、ある時、「自分の書く文章のクオリティが、編集者によって左右される」という当たり前の事実に気付いた。この人に読んでもらうのだから、いい加減なことは書けない、ちゃんと締め切りを守って書かなければならない。そのような心理的な「圧力」を自然にかけることのできる編集者がいる。やたらと原稿を催促したり、内容についてあれこれ言えば良いというものではない。何気ない雑談の中でふともらした含蓄の深さや、意見を交わすときに伝わってくる人柄の説得力、企画の論理的整合性。様々な要素が一体となった「総合芸術」として、編集者の「原稿を書かせる力」が生まれるのだと悟った。

どんな仕事も、まさに一生ものである。一〇年間接してみて初めてわかることがあるのだから、人間の仕事というのは奥深い。杉野さんのお仕事も、決して他人にはうかがい知れない奥深い難しさと喜びがあるのだろうと思う。そのようなものに出会えれば、人生、後悔することなどない。

基本的な作業を怠らずにやっていくことが、「天上の味わい」を演出するために必要なこと。そんな、杉野さんの言葉は、どんな職業に就いている人にも思い当たる含蓄に富んでいる。

誰もが、夢や希望を抱いてそれぞれのキャリアに入っていく。若い時は、ついつい大言壮語したり、遠い目標を熱く語ったりするものだが、そのうちに、日常繰り返している何気ない作業の一つ一つが、底光りするような磁力と魅惑に満ちているということに気付く。

お菓子作りは、まさに基本の積み重ね。使用する材料を吟味する。温度管理を徹底する。基本動作をきちんとやる。整理整頓する。そのような、一つ一つをとれば「当たり前」としか言いようのないことの積み重ねが、ついには奇跡とでも言うべき至上の仕事へとつながる。

考えてみれば、私たち人間という存在自体が、物質として見れば、一つ一つは当たり前の「化学反応」の積み重ねでしかない。その結果生まれる、精神の躍動。物質と心の不思議な関係の背後には、「当たり前のこと」の積み重ねがある。杉野さんのお菓子作りは、そのような哲学的思索にさえ私たちを導いていく。

番組制作スタッフ

取材協力・資料提供・写真提供（敬称略・順不同）参考文献

「"信じる力"が人を動かす　経営者 星野佳路」

資料提供 山梨日日新聞

撮影 日昔吉邦　技術 佐俣芳和　音声 鷹馬正裕
ロケ音声 野島生朝　照明 池田吉隆　映像技術 川上智子
音響効果 三澤恵美子　編集 小林幸二
ディレクター 河瀬大作 小池耕自

「ひたむきに"治す人"をめざせ　小児心臓外科医 佐野俊二」

取材協力 兵庫県立尼崎病院

撮影 日昔吉邦　技術 佐俣芳和　音声 鷹馬正裕
ロケ音声 水浪朋洋　照明 池田吉隆　映像技術 川上智子
音響効果 松田勇起　編集 小林幸二　取材 高倉真人　赤上 亮
ディレクター 河瀬大作　デスク 細田美和子

「あたり前が一番むずかしい　パティシエ 杉野英実」

資料提供 ユーハイム

撮影 藤田浩久　技術 佐俣芳和　音声 鷹馬正裕
ロケ音声 卜部忠　照明 池田吉隆　映像技術 本田祐子
音響効果 三澤恵美子　編集 坂本 太　ディレクター 須藤祐理
デスク 山本隆之

キャスター 茂木健一郎　住吉美紀
語り 橋本さとし
音楽 村井秀清
美術 山口高志　中川晃
美術進行 松谷正幸　及川知美　佐野均
タイトルロゴ 藤井 一
スタイリスト うえだけいこ
リサーチャー 粟田 賢
FD 山口佐知子、小寺亜希子
番組広報 鳴瀧紀子
庶務 鈴木夏子
デスク 細田美和子　小山好晴　山本隆之
制作統括 有吉伸人

編集取材協力　星野リゾート　岡山大学　イデミ・スギノ

若輩ぼやき堂

ただ、信じあいたいの。

「人に期待してはいけない」。覚えありません？　応えてくれると期待して、心を預けるや否や、打ち砕かれる。

信じていた友だちや、好きになった人に。「任せてください」と言った後輩に。そして、「悪いようにはしない」と言っていた上司にまで？

「ごめん。事情が変わったんだよ」「やっぱり、諦めてくれ」

どひゃーん。

ズシンとくる。裏切られた気持ち……。そして、その度に、油断してしまった自分を悔やむ。あーあ、どうせこんな結果になるなら、最初から人に期待しないことだわ……。悲しいかな、いろいろな経験から、自分の心を守る方法を編み出してきたのかもしれない。

そんな矢先だった。

希望を発見したのだ！

若輩の私からすると、上司や先輩に当たるお立場の「プロフェッショナル」の方々。それぞれの現場で、しっかりと部下を信じ、また部下にも信じられていた。自分が傷つけられるかもしれないことだって受け入れつつ、それを乗り越えていたのだ！

星野さんは、自分が社長になってすぐ、次々と社員が辞めていった。落胆したはず……。しかし、今、再び社員を信じ、仕事の多くをそれぞれの裁量に任せている。社長は大きなヴィジョンは示すが、最後は社員に、「どうしますか」と問いかけるのだ。

「旅館・ホテルというのは、スタッフがすべてですから。スタッフを信じるところから、すべてが始まるんです。信じるしかないんです！」

佐野さんは、命の現場で、後輩にあえて手術を任せる。一人では手術数にも限度がある「命を救う仕事」。その人材を育てる必要性を感じるからだ。「初めて人に任せるとき、私も本当に不安で怖い。でも、心から任せないと、相手にも信じていないのがばれる。人は、本当に信じられ、任せられることでしか育たない」

杉野さんは、フランスの菓子職人、ペルティエの菓子を一目見て、恋に落ちた。「あなたのもとで修業がしたい」と毎週手紙を書いた。「お前が嫌いだ」とまで言われても諦めずに三年！「きっと、相手に思いが通じる」と信じぬいたのだ。

人を信じることにはリスクがともなう。裏切られ、自分のほうが損をするかもしれない。でも、やっぱり、人間は、一人じゃ何もできない。プロフェッショナルたちは、何度でも何度でも、人を信じて、挑戦を続けていたのだ。

そんな上司だったら……うきゃ！　きっと、役職を超えて「人」として愛しいはず！。

「プロフェッショナル 仕事の流儀」キャスター　すみよし・みき

ブックデザイン　鈴木成一デザイン室
構成　堀切 功
校正　松井由理子・鶴田万里子

プロフェッショナル 仕事の流儀 ①

2006（平成18）年4月30日　第1刷発行
2007（平成19）年2月20日　第2刷発行

編者　茂木健一郎・NHK「プロフェッショナル」制作班

発行者　大橋晴夫
発行所　日本放送出版協会
〒150-8081 東京都渋谷区宇田川町41-1
TEL（03）3780-3325（編集）TEL（048）480-4030（販売）
http://www.nhk-book.co.jp 振替00110-1-49701

印刷　亨有堂／近代美術
製本　笠原製本

Printed in Japan ISBN978-4-14-081106-1 C0395